Mobile

Heimat- und Sachunterricht 1/2
Bayern

Herausgegeben von
Prof. Dr. Joachim Kahlert
Sigrid Binder

Erarbeitet von
Janina Günther, Matthias Kramer,
Bernhard Reuschel, Dr. Ulrike Rutke,
Sabine Steinig

Illustriert von
Matthias Berghahn, Angela Fischer-Bick,
Jutta Garbert, Marianne Golte-Bechtle,
Markus Humbach, Harro Maass,
Christina Rademacher-Ponten, Oda Ruthe,
Angelika Schuberg-Ahrens, Mariona Zeich

westermann

Inhalt

🟥 Demokratie und Gesellschaft   🟪 Körper und Gesundheit   🟩 Natur und Umwelt

Zeit und Wandel   Raum und Mobilität   Technik und Kultur

Das kann dir beim Lernen helfen

Auf den folgenden Seiten erfährst du, wie du …

… dich informieren kannst.

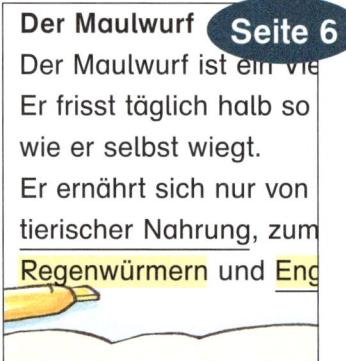

… einen Text besser verstehst.

… eine Tabelle liest.

… ein Plakat gestalten kannst.

… gezielt und genau beobachtest.

… einen Versuch durchführen kannst.

… anderen Kindern etwas zeigen kannst.

… eine Rückmeldung geben solltest.

… etwas gut begründest.

Sich informieren

Informationen zu einem Thema sammeln

direkt untersuchen

Was frisst dieser Hund?

bei Expertinnen oder Experten

Was weißt du dazu?

bei Erwachsenen oder Freunden

bei deiner Lehrerin oder deinem Lehrer

in der Bücherei

Hilfst du mir?

mit Kindersuchmaschinen

➜ Seite 24, 116, 130, 133

Einem Text Informationen entnehmen

1. Überlege, was du herausfinden möchtest.

> Ich möchte wissen, was ein Maulwurf frisst.

2. Suche einen passenden Text.

Der Maulwurf

> Die **Überschrift** und die **Bilder** passen zu meinem Thema.

3. Unterstreiche mit Bleistift Wörter, die du nicht verstehst.

> Ich frage andere Kinder oder Erwachsene.

Der Maulwurf
Der Maulwurf ist ein Vielfraß.
Er frisst täglich halb so viel,
wie er selbst wiegt.
Er ernährt sich nur von
tierischer Nahrung, zum Beispiel
Regenwürmern und Engerlingen.

4. Markiere Wörter, die deine Frage beantworten können. Markiere nichts in Büchern.

Der Maulwurf
Der Maulwurf ist ein Vielfraß.
Er frisst täglich halb so viel,
wie er selbst wiegt.
Er ernährt sich nur von
tierischer Nahrung, zum Beispiel
Regenwürmern und Engerlingen.

→ Seite 87, 89, 116, 136

Eine Tabelle lesen

Was kostet für **Kinder** der **Museumseintritt**?

	Eintrittspreise
Erwachsene	6 €
Kinder	3 €
Studenten	4,50 €

	Eintrittspreise
Erwachsene	6 €
Kinder	3 €
Studenten	4,50 €

Was kommt **um 16 Uhr** in den **einzelnen Programmen**?

Zeit	Programm 1	Programm 2	Programm 3
14–15 Uhr	Kindernachrichten	Die kleinen Feen	Vier Freunde
15–16 Uhr	Die Rasselbande	Neues von Tom	Die Kobolde
16–17 Uhr	Mein Haustier	Kindernachrichten	Verhext!

Wann habe ich **Sport**?

Zeit	Montag	Dienstag	Mittwoch	Donnerstag	Freitag
1.Stunde	GU	Sport	Werken und Gestalten	GU	Religion
2.Stunde	GU	Sport	GU	GU	GU
3.Stunde	Kunst	GU	Musik	Sport	GU

→ Seite 58, 60, 106, 119

Informationen ordnen und aufbereiten

Ein Plakat gestalten

Aussehen

Ernährung

Der Igel

Lebensraum

Feinde

- Schreibe deutlich und groß.
- Verwende verschiedene Farben.
- Lege, bevor du aufklebst.

→ Seite 34, 102, 135

Etwas untersuchen

Gezielt hinschauen, genau beobachten

→ Seite 50, 64, 106, 119

Versuche planen und durchführen

1. Überlege, was du herausfinden möchtest.

Was löst sich in Wasser auf?

2. Vermute.

Ich vermute, dass ...

Ich vermute aber, dass ...

3. Plane.

Wir brauchen ...

Zuerst ... Dann ...

4. Überprüfe.

5. Was hast du beobachtet?

Ich habe genau beobachtet und festgestellt, dass ...

6. Vergleiche mit deinen Vermutungen.

→ Seite 58, 85, 120

Präsentieren und darstellen

Anderen etwas zeigen

1. Was ist dir besonders wichtig?
   Was sollen die anderen erfahren?

2. Stelle das, was du zeigen möchtest,
   in den Mittelpunkt.
   Räume unnötige Materialien weg.

3. Nenne zu Beginn dein Thema.
   Berichte anschließend darüber.

Mein Hund braucht besonderes Futter.

Schaue die
anderen Kinder an.

Sprich laut,
deutlich und langsam.

Veranschauliche mit Bildern
und Gegenständen.

4. Gehe am Ende auf Fragen ein.

Ich möchte noch wissen, ob ...

Vielen Dank für eure Aufmerksamkeit!

→ Seite 40, 60, 107, 133

Nachdenken, bewerten und begründen

Rückmeldung geben

1. Zuerst kommt das Lob:
   Sage, was dem Kind gut gelungen ist. **Begründe dein Lob.**

Dein Plakat hat mir besonders gut gefallen, **weil** ...

Wir vermeiden Müll

Du hast langsam und deutlich gesprochen.

Ich fand gut, **dass** ...

2. Was sollte das Kind beim nächsten Mal noch besser machen?

Du hast ziemlich viel abgelesen. Die Zuschauer hast du kaum angeschaut. Vielleicht solltest du deinen nächsten Vortrag vor dem Spiegel üben.

Ich hätte es besser gefunden, **wenn** ...

→ Seite 39, 60, 133

Sachverhalte genau begründen

Behauptungen   **Begründungen**

→ Seite 21, 32, 34, 60

Marie

Weißt du, wie das geht?

Marie und **Lukas**
erleben einiges ähnlich,
anderes ganz verschieden.

Lukas

Familie

Die Freunde Tom, Lara, Kaan, David, Anne, Emilia, Semra und Felix erzählen sich gegenseitig von ihrem Familienleben.

1. Was könnten sich die Kinder wohl erzählen?

Regeln für das Zusammenleben

1. Wie sollten sich die Kinder jeweils verhalten?
   Welche Regeln helfen dabei?

→ Seite 13

Verantwortung übernehmen

①  ②

③  ④

⑤ **Schauen Sie mal!**

⑥ **Unser Sommerfest** — **Ich besorge den Waffelteig.** — **Wir schreiben Einladungskarten.**

1. Wie hilfst du manchmal anderen?

2. Welche Aufgaben gibt es bei euch in der Schule?

Mit Gefühlen umgehen

① Tom   Lisa   Maja

② Afrim   Sofia   Luisa

③ Mira   Lars   Max

④ Paul   Ali   Anna

1. Wie fühlen sich die Kinder in diesen Situationen?

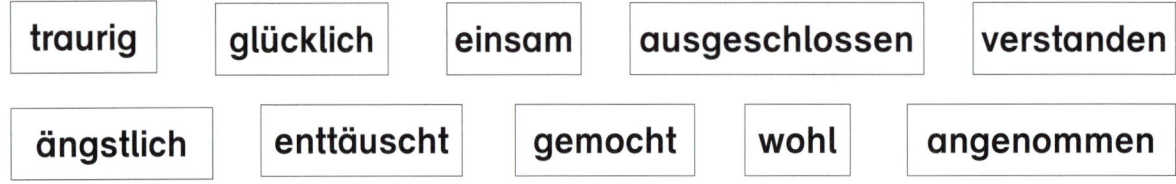

| traurig | glücklich | einsam | ausgeschlossen | verstanden |

| ängstlich | enttäuscht | gemocht | wohl | angenommen |

2. Was könnte man tun, damit es allen gut geht?

→ Seite 13

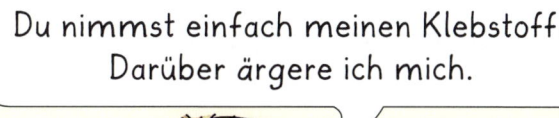

Du nimmst einfach meinen Klebstoff. Darüber ärgere ich mich.

Entschuldige, das war keine Absicht. Ich habe nur vergessen zu fragen.

1. Wie könnten die folgenden Streitsituationen weitergehen?
Spielt die Situationen mit verteilten Rollen.
Anschreien und beleidigen sind beim Spielen nicht erlaubt.

AKTIV

① KIOSK

② Haha, du hast verloren!

Ich möchte jetzt das Buch lesen.

Ich auch!

③

Ich schlage vor, dass …
Ich finde es gut, wenn …
Ich finde es nicht schön, dass …

Ich freue mich, dass du …
Ich bin traurig, wenn …
Ich ärgere mich, wenn …

2. In einigen Situationen sind Kompromisse möglich.
Wie könnten diese aussehen?

→ Seite 13

Gemeinsam Naturmandalas legen

1. Sammle schöne Dinge, die du in der Natur findest.

Ich pflücke nichts ab.

Das habe ich alles auf dem Boden gefunden.

2. Regeln für das Legen:
Wer an der Reihe ist, entscheidet, was er legen möchte.
Dieses Kind darf dann auch bereits gelegte Dinge verändern.
Während ein Kind etwas legt, mischt sich niemand ein.

3. Wie ist es euch beim Mandala ergangen? Sprecht darüber.

Ein leises und ein lautes Ja und Nein

1. Ich sage ein lautes „**Ja**", wenn …
Ich sage ein lautes „**Nein**", wenn …

Freizeit

Ich habe als kleiner Junge
so oft es ging Fußball gespielt.
Das war ein Riesenspaß.
Einen Fußballverein gab es nicht.

Früher habe ich sehr gerne
in einem Chor gesungen.
Schön waren die Chorfahrten,
einmal sogar nach Italien.

Mit sieben Jahren
habe ich angefangen
und sammle immer noch.
Steine und Kristalle kann man
anschauen, befühlen
und immer wieder neu ordnen.

Mit meiner Pfadfindergruppe
wanderte ich viel
in den Alpen.
Auch die Zeltlager waren toll.

1. Was haben deine Eltern, Großeltern oder andere Verwandte
   in ihrer Freizeit gemacht? Erkundige dich.

→ Seite 5

Was macht ihr in eurer Freizeit gerne?

1. Schreibt dies auf ein Kärtchen.
   Ihr könnt ein Bild dazu malen oder ein Foto aufkleben.

Jugendrotkreuz

Was wird angeboten?
Erste-Hilfe-Kurs, Kochen,
Basteln

Wo?
Gemeindehaus Olching

Wann?
jeden Mittwoch 15 – 17 Uhr

Verkleiden

Was wird angeboten?
sich verkleiden

Wo?
zuhause

Wann?
immer, wenn man Lust hat

AKTIV

2. Sprecht über eure erstellten Kärtchen:
   - Was kostet Geld, was nicht?
   - Was kann man allein tun, was mit anderen zusammen?
   - Was macht vor allem dir Spaß? Was ist auch gut für andere?

3. Was möchtest du außerdem mal ausprobieren? Warum?

→ Seite 13

**Ein Märchen –
viele Medien**

Alle nutzen Medien

1. Wozu werden die Medien auf den einzelnen Bildern genutzt?

2. Auch du nutzt Medien. Erzähle davon.

Geschichte und Geschichten

Sisi, eine bayerische Prinzessin

Prinzessin Elisabeth war die Tochter des Herzogs Max von Bayern.
Sie wurde 1837 in München geboren. Ihr Spitzname war Sisi.
Mit 16 Jahren heiratete sie den österreichischen Kaiser Franz Josef.
So wurde sie zur Kaiserin von Österreich.
Das Paar bekam vier Kinder.

Als Kaiserin ging es Sisi besser als vielen anderen Menschen
in ihrer Zeit. Trotzdem war sie in ihrem Leben oft unglücklich
und unzufrieden.

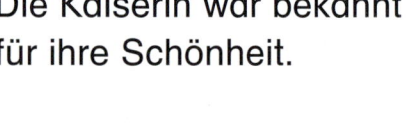

Die Kaiserin war bekannt
für ihre Schönheit.

Sisi und Kaiser Franz Josef 1858

In der Zeit, in der Sisi lebte,
gab es die ersten Fotografien.
So können wir uns heute gut
vorstellen, wie die Kaiserin aussah.

Foto von Sisi 1864

1. Informiere dich, wenn du noch mehr über das Leben von Sisi
   erfahren möchtest.

→ Seite 5, 6

Sisi in den Medien

Die „echte" Sisi starb vor über 110 Jahren im Jahr 1898.
Ihr Leben wurde in einigen Filmen nachgespielt.

Ungefähr 60 Jahre
nach dem Tod der Kaiserin
entstanden die berühmten
„Sissi"-Filme.
Die Hauptdarsteller waren
Romy Schneider und
Karlheinz Böhm.
Auf dem Filmausschnitt
sind sie als Kaiserpaar zu sehen.

„Lissy und der wilde Kaiser"
entstand fast 110 Jahre
nach Sisis Tod. In dem Trickfilm
wird die Kaiserin und ihre Familie
übertrieben dargestellt.

Eine Illustratorin zeichnete
Sisi für unser Schulbuch.

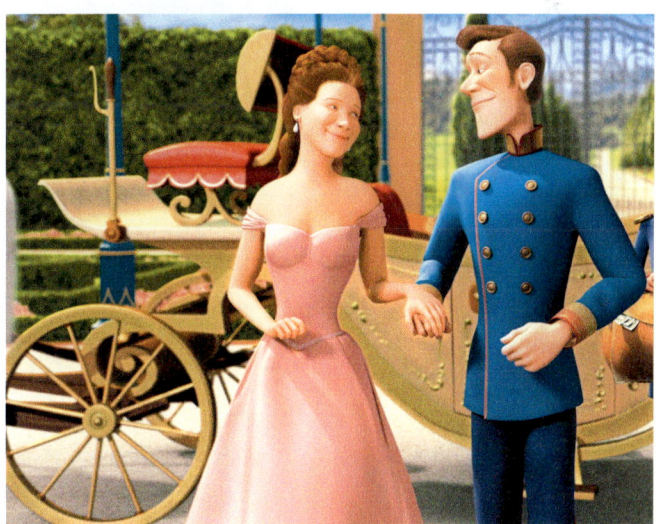

1. Vergleiche das Aussehen der Figuren mit der „echten" Kaiserin.

2. Welche Haarfarbe hatte die „echte" Sisi? Woher weißt du das?

3. Warum wird das Leben von Sisi wohl in so vielen Medien dargestellt?

→ Seite 13

Mit Medien sinnvoll umgehen

Die Kinder der Klasse 2b müssen bis nächste Woche einen Vortrag über das „Leben der Ritter" vorbereiten.

1. Welche Vorteile und welche Nachteile haben die einzelnen Medien?

→ Seite 13

Wünschen und brauchen

Ich brauche ein neues Fahrrad. Das alte ist zu klein!

Ich habe Hunger, ich möchte jetzt ein Eis.

Ich brauche neue Fußballschuhe.

Aber wir haben doch erst neue gekauft.

Aber die anderen Kinder haben alle die leuchtend Roten.

Zeige mal dein neues Spiel.

Paul brauchen wir nicht zu fragen, der hat so eine uralte Konsole.

Mich interessieren solche Spiele schon lange nicht mehr.

PAUL

1. Brauchen die Kinder all dies tatsächlich?

→ Seite 13

33

   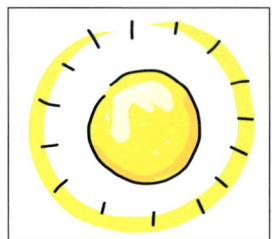

1. Was brauchen Menschen unbedingt zum Leben? Begründe.

2. Was fehlt deiner Meinung nach? Begründe.

3. Was brauchst du unbedingt? Was wünschst du dir? Erstelle ein Plakate dazu.

Was ich brauche:

Was ich mir wünsche:

→ Seite 8, 13

Taschengeld

1. Was machst du mit deinem Taschengeld?

 → Seite 13

35

Gehe an die frische Luft!

So viele Anweisungen!

Sitze gerade!

Packe deinen Schulranzen richtig!

Gleich? Nicht gleich?

1. Und in eurer Klasse?
   Gestaltet gemeinsam ein Plakat von euch allen.

→ Seite 9

Du bist einzigartig

Warme Dusche

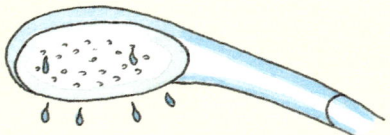

Ich mag dich!
Du kannst gut malen!
Du bist hübsch!
Du bist nett!

Achtung!
„Kalte Duschen"
werden sofort
abgedreht!

AKTIV

Das finde ich gut an dir

Du brauchst:

Papier   Stift   Klebeband   gute Ideen

Das mag ich an dir:

Das kannst du
besonders gut:

→ Seite 11, 12

Das wäre ich als ...

1. Erstelle deinen Fantasie-Steckbrief.

2. Vergleicht eure Steckbriefe in der Klasse.

Als Tier könnte ich eine Biene sein, weil ich immer viele Leute um mich herum brauche und fleißig bin.

Als Farbe passt gelb zu mir, weil ich meistens fröhlich bin und die Sonne mag.

Als Märchenfigur wäre ich der Froschkönig, weil ich hartnäckig bin und Ausdauer habe.

Als Blume wäre ich ein Löwenzahn, weil ich nicht kompliziert bin und mich überall wohl fühle.

→ Seite 11

AKTIV

40

Mein Wohlfühlpuzzle

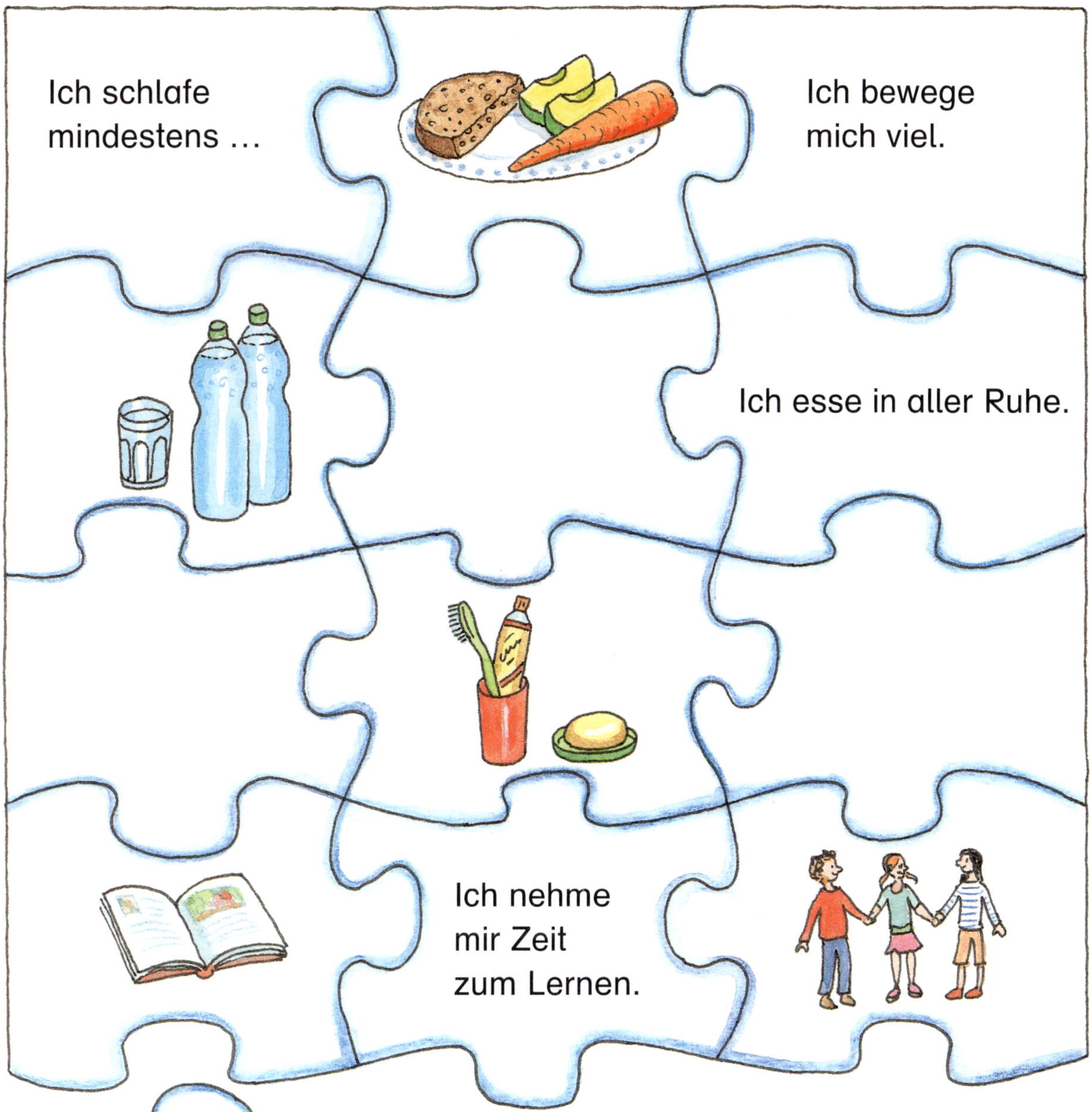

Ich schlafe mindestens …

Ich bewege mich viel.

Ich esse in aller Ruhe.

Ich nehme mir Zeit zum Lernen.

Mal abschalten!

1. Was brauchst du, damit es dir gut geht?

Sauber?

Auch wenn deine Hände sauber aussehen,
kann noch unsichtbarer Schmutz auf ihnen sein.

1. Beschmutze deine Hände mit Wachskreide.
   Probiere aus, wie du sie wieder ganz sauber bekommst.

   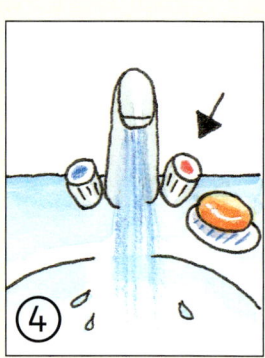

So leicht können Krankheitserreger übertragen werden

1. Bestäube deine Hände
   mit etwas Mehl.

2. Fasse nun unterschiedliche Dinge
   im Klassenraum an.

3. Warum wurde hier Mehl verwendet?

→ Seite 9, 13

AKTIV

So wäschst du deine Hände richtig:

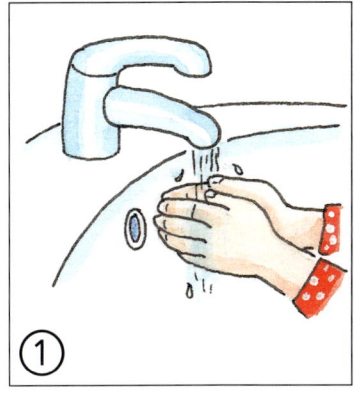  

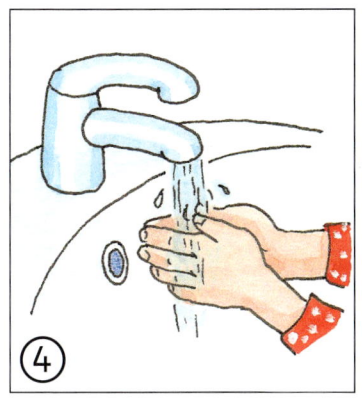 

1. Probiere es aus und wasche dir deine Hände.

2. Was ist besser?

   oder      ?

So pflegst du deine Nägel richtig:

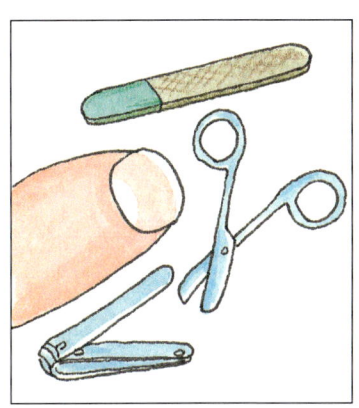 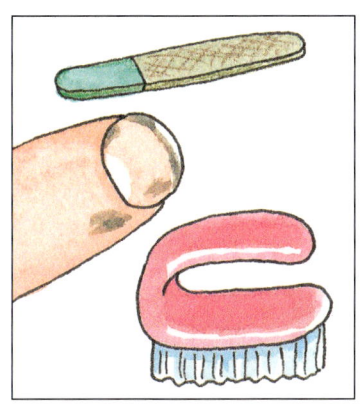 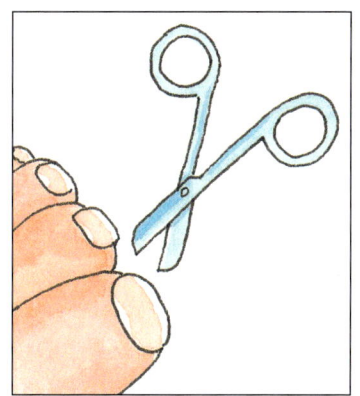

→ Seite 9, 13

Wie wirst du wieder sauber?

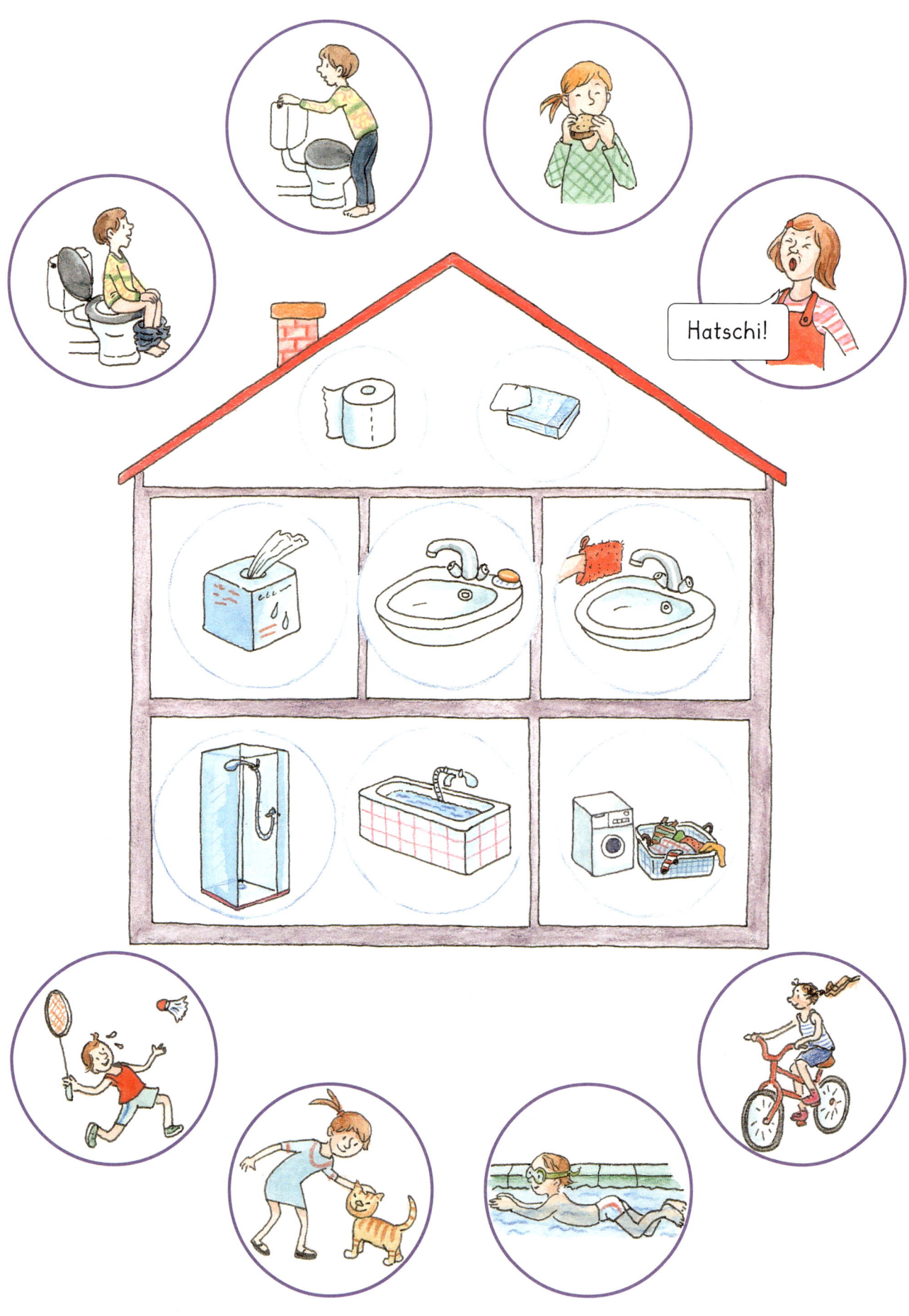

Hatschi!

→ Seite 13

44

Tierische Körperpflege

Du Dreckschwein?!
Schweine sind viel sauberer,
als man sagt. Sie suhlen sich zwar
im Schlamm, aber nur, damit sie
lästiges Ungeziefer losbekommen.
Sobald der Schlamm trocken ist,
fällt er ab. Und mit ihm die vielen
kleinen Tierchen.

Katzenwäsche
„Heute mache ich eine schnelle
Katzenwäsche". Dies sagt man,
wenn man sich mal nicht so
gründlich wäscht. Tatsächlich sind
Katzen sehr reinliche Tiere. Sie
putzen sich täglich fast vier Stunden.

„Ich glaub', mich laust der Affe!"
Affen haben in ihrem Fell oft Läuse.
Sie helfen sich gegenseitig,
sich von den juckenden Tierchen
zu befreien.

Wechselbäder
Orcawale schwimmen
viele tausend Kilometer in warmes
Gewässer, um ihre Haut zu pflegen.
Im warmen Wasser können sie
Algen, die auf ihrer Haut wachsen,
besser loswerden.

➜ Seite 6

Unsere Sinne

Mithilfe unserer Sinne können wir wahrnehmen,
was um uns herum geschieht:
Wir hören, sehen, riechen, schmecken und tasten.

Laut oder leise?
Lang oder kurz?
Hoch oder tief?
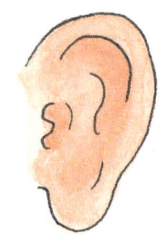

Süß oder salzig?
Sauer?
Bitter?
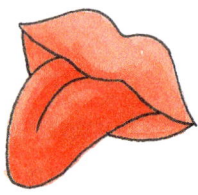

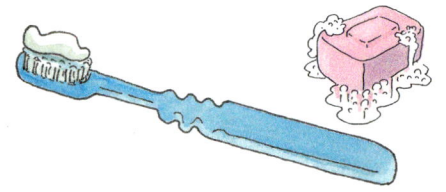
Stark oder schwach?
Angenehm?
Unangenehm?
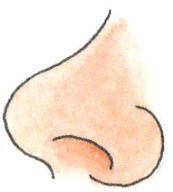

Kalt oder warm?
Nass oder trocken?
Hart oder weich?
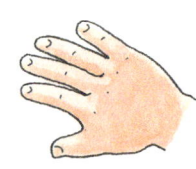

Rot oder grün?
Dreieckig oder rund?
Klein oder groß?
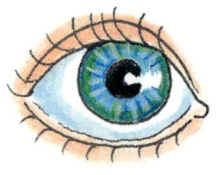

Im Ohr befindet sich auch das Sinnesorgan für das Gleichgewicht.
Dieses brauchen wir, um nicht zu schwanken oder umzufallen.

Teste deine Sinne

In einer Geschichte über den Waisenjungen Kim,
muss dieser mit einem anderen Jungen um die Wette spielen.
In verschiedenen Spielen müssen die beiden ihre Wahrnehmung,
ihr Gedächtnis, ihren Geruchssinn, ihr Sehvermögen und
ihren Tastsinn testen.
Diese Spiele sind als Kim-Spiele bekannt.

Wie könnten die Spiele ausgesehen haben, die Kim spielen musste?

1. Überlege dir zu jedem Sinn eine Übung.
   Nutze die Materialien.

Watte

Perlen

SAND

Ohrstöpsel

KAFFEE

Zucker

CHILI

SALZ

PLUS

AKTIV

2. Erkläre deine Spielidee.

3. Baut in eurer Klasse Stationen zu den Sinnen auf.
   Wandert von Station zu Station.

→ Seite 11

Zähne

Babys kommen meist **ohne Zähne** zur Welt.

Nach etwa sechs Monaten wachsen **erste Zähne**.

Ein Kindergebiss hat 20 Zähne. Sie heißen Milchzähne.
Mit etwa sechs Jahren fallen die Milchzähne aus.
Neue Zähne wachsen nach.
Ein vollständiges Erwachsenengebiss hat 32 Zähne.

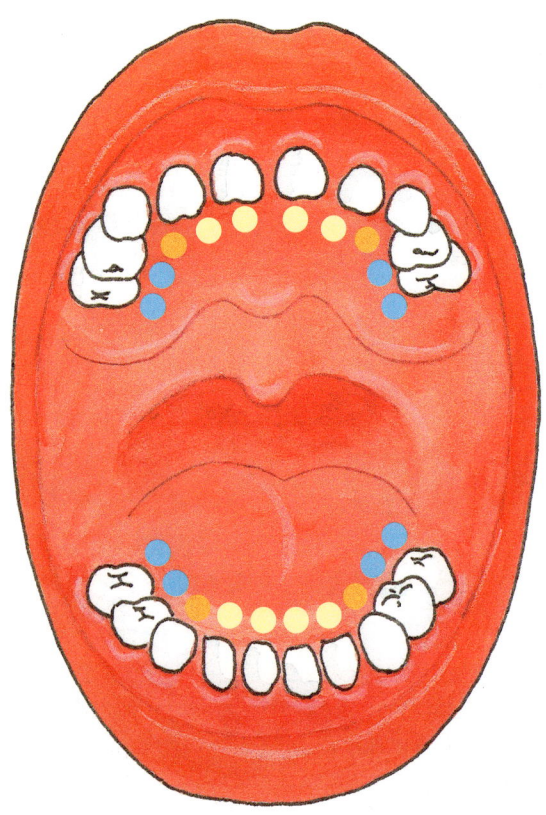

Milchgebiss

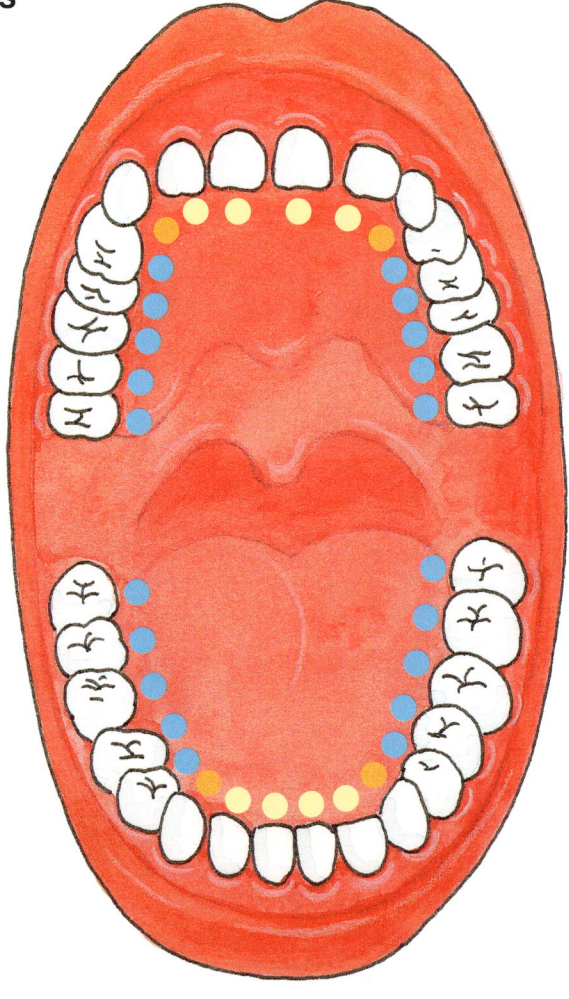

Erwachsenengebiss

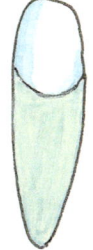
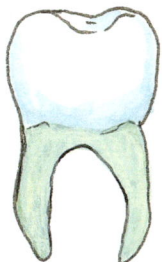

Schneidezähne sind dünne, scharfe Zähne.

Eckzähne sind spitze, scharfe Zähne.

Backenzähne sind breite Zähne mit Höckern.

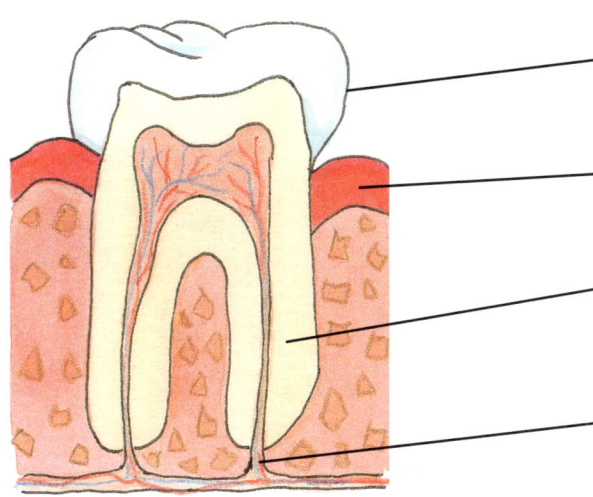

Der **Zahnschmelz** schützt die Zähne.

Das **Zahnfleisch** umgibt die Zähne und schützt sie.

Mit den **Zahnwurzeln** ist der Zahn im Kiefer verankert.

Mit den **Zahnnerven** nehmen wir Reize wahr, zum Beispiel heiß oder kalt.

Ein neuer Zahn

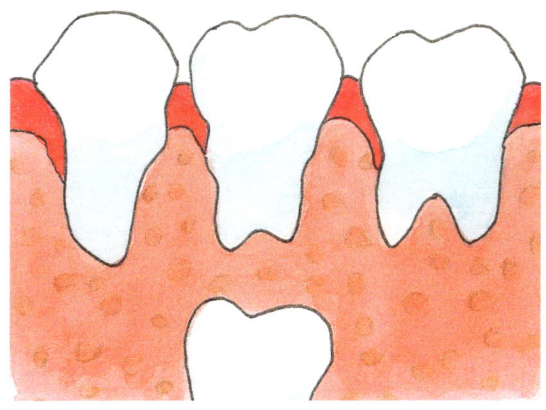

Die bleibenden Zähne des Erwachsenengebisses stecken schon im Kieferknochen. Sie schieben langsam den Milchzahn beiseite.

Nach und nach lösen sich die Wurzeln des Milchzahns auf. Er beginnt zu wackeln und fällt meist von alleine aus. In die bleibende Lücke wächst der neue Zahn.

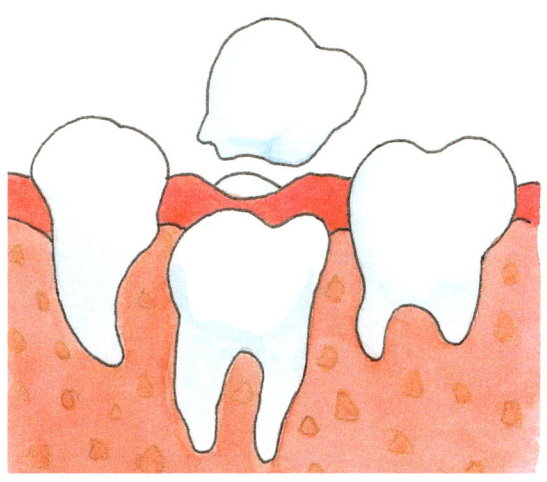

Welche Zähne hast du?

Du brauchst:

1. Betrachte deine Zähne genau.

2. Zeichne für jeden Zahn ein Kreuzchen.

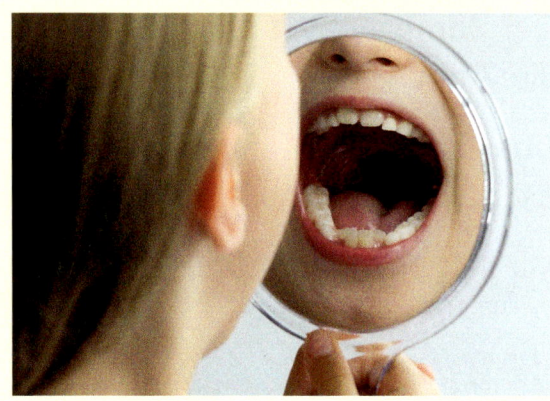 

AKTIV

Ein Zahnmodell aus Knete formen

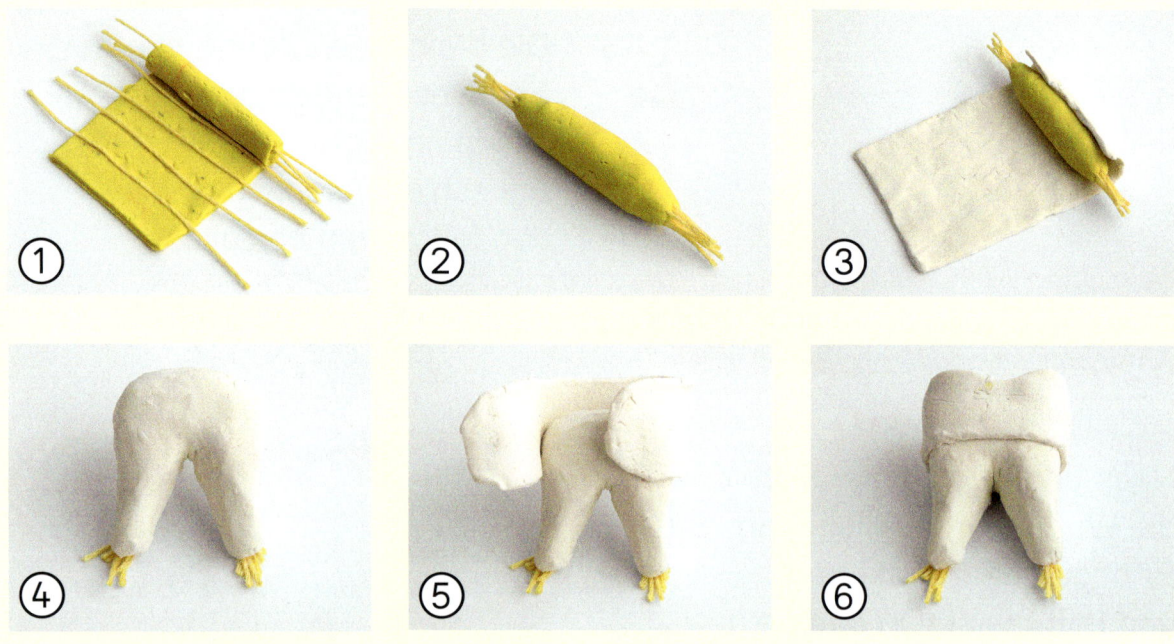

1. Was entspricht beim Modell dem wirklichen Zahn?

→ Seite 9, 13

50

Gewusst wie: Zähne richtig putzen

Du brauchst:

1. Wie kannst du die Watte mit der Zahnbürste entfernen?

  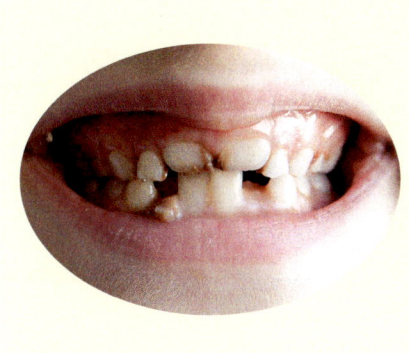

AKTIV

2. Eine Zahnputzregel lautet: „Putze von rot nach weiß."
   Kannst du diese Regel jetzt erklären?

3. Putze nun deine Zähne.
   Achte dabei auf die Reihenfolge.
   KAI hilft dir dabei.

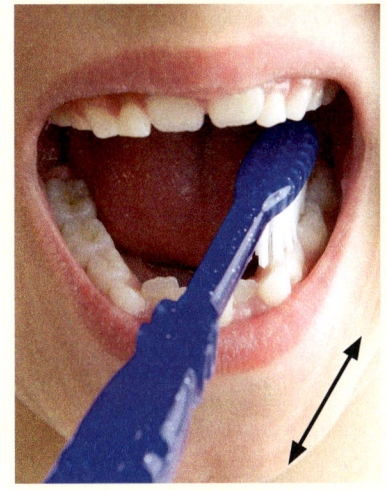 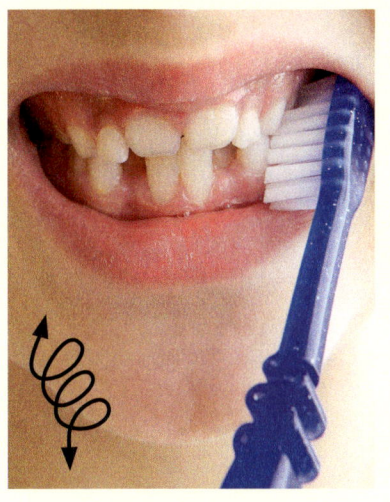 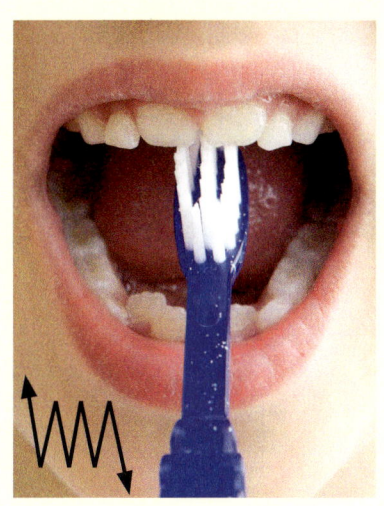

1. **K**auflächen   2. **A**ußenflächen   3. **I**nnenflächen

→ Seite 9, 13

Wozu brauchst du deine Zähne?

Du brauchst:

  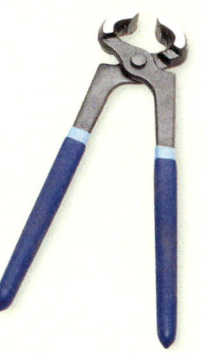 

1. Versuche den Keks mit den Werkzeugen zu zerkleinern.

2. Iss einen Apfel.
   Was machen deine einzelnen Zähne dabei?
   Vergleiche deine Zähne mit den Werkzeugen.

| schneiden, abbeißen | zermahlen | festhalten, abreißen |

Welches Gebiss gehört wem?

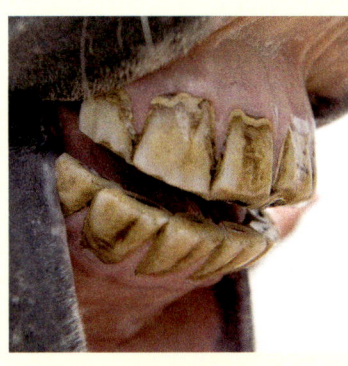  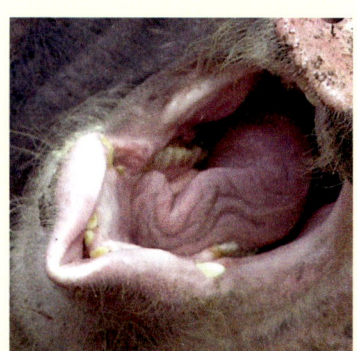

1. Welche Zähne hat dein Haustier?

52

→ Seite 9, 10, 13

Die Zähne der Tiere

Wie pflegen Krokodile ihre Zähne?
Obwohl Krokodile fast alles fressen,
schauen sie geduldig zu,
wenn nach dem Essen
ein kleiner Vogel in ihr Maul fliegt.
Der Vogel säubert mit seinem
Schnabel die Zähne des Krokodils.

Wer hat die meisten Zähne?
Die meisten Zähne bei Landtieren hat
das Gürteltier. Es lebt in Amerika
und hat 104 Zähne.
Das Wassertier mit den meisten Zähnen
ist der ostpazifische Delfin
mit 252 Zähnen in seinem Maul.

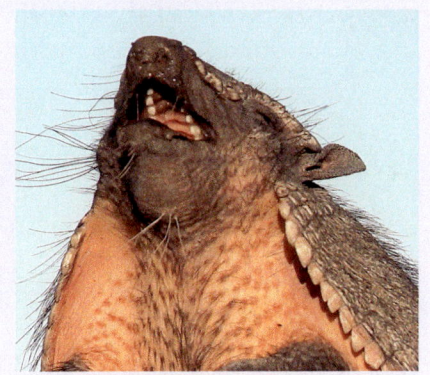

Wer besitzt die längsten Zähne?
Die Stoßzähne von Elefanten können
bis zu 211 Kilogramm schwer werden.
Das ist siebenmal schwerer als ein Kind!
Die Stoßzähne des ausgestorbenen
europäischen Waldelefanten wurden
ganze fünf Meter lang.

Ständiger Zahnwechsel bei Haien
Haizähne wachsen ständig nach.
Bei Angriffen kann es sein, dass ein Hai
gleich mehrere Zähne verliert.
Die Zähne sitzen nicht sehr fest und fallen
schnell aus. Im Jahr verbraucht ein Hai
ungefähr 100 Zähne.

Abwechslungsreich essen

Es ist wichtig, dass wir jeden Tag regelmäßig,
überlegt und abwechslungsreich essen.
Auch regelmäßiges Trinken dürfen wir nicht vergessen.

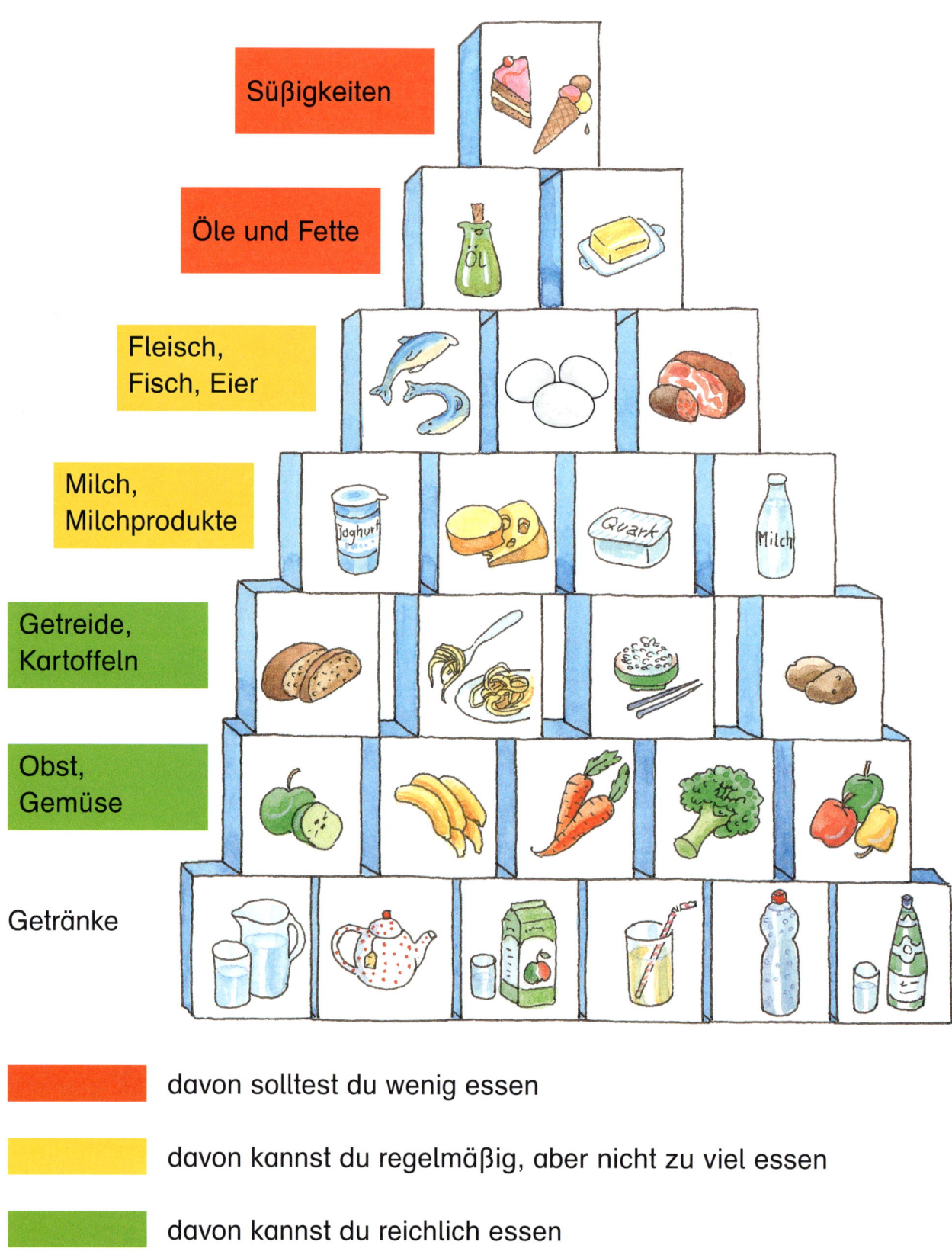

Süßigkeiten

Öle und Fette

Fleisch,
Fisch, Eier

Milch,
Milchprodukte

Getreide,
Kartoffeln

Obst,
Gemüse

Getränke

davon solltest du wenig essen

davon kannst du regelmäßig, aber nicht zu viel essen

davon kannst du reichlich essen

Essen ist lebensnotwendig. In der Nahrung sind viele verschiedene **Nährstoffe** enthalten, die dein Körper braucht.

 **Baustoffe** braucht dein Körper, um zu wachsen. Ein wichtiger Baustoff ist **Eiweiß**.

Nahrungsmittel mit viel Eiweiß:

 **Energie** braucht dein Körper für die Bewegung. **Fette** und **Kohlenhydrate** liefern besonders viel Energie.

Nahrungsmittel mit vielen

... Fetten: ... Kohlenhydraten:

 Damit du gesund bleibst, braucht dein Körper **Schutzstoffe**. Wichtige Schutzstoffe sind **Vitamine** und **Mineralstoffe**. **Ballaststoffe** sind für die Verdauung wichtig.

Nahrungsmittel mit vielen

... Vitaminen und Mineralstoffen: ... Ballaststoffen:

Zucker und Fett in Lebensmitteln

Wie viel Zucker ist in Lebensmitteln?

1. Bringt verschiedene Verpackungen von Lebensmitteln mit.

2. Welches Lebensmittel enthält den meisten Zucker? Schätzt es. Ordnet die Lebensmittel.

3. Schaut nun auf der Verpackung nach.

4. Korrigiert jetzt eure Anordnung.

wenig Zucker

viel Zucker

Schokokugeln	je 100g		je Stück 5,8 g
Energiewert kJ / kcal	2395 / 575		138 / 33
Eiweiß	8,5 g		0,5
Kohlenhydrate	52,2 g		3,0
davon Zucker	52,0 g		3,0

AKTIV

Fett oder kein Fett?

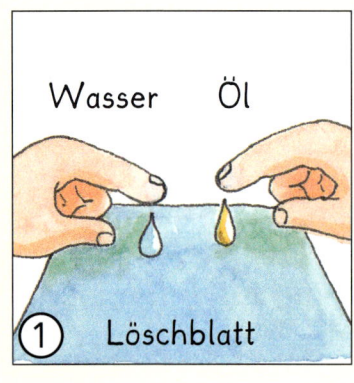

Wasser   Öl

① Löschblatt

Was passiert wohl?

②

... nach 5 Minuten

③

Apfel

④ Banane

Was passiert wohl?

⑤

... nach 5 Minuten

⑥

58

→ Seite 7, 9, 10

Wusstest du eigentlich …?

Zucker und Fette sind wichtige Bestandteile unserer Nahrung.
Sie liefern uns schnell Energie und schmecken gut.
Zuviel davon ist jedoch ungesund.

So viel Zucker ist in diesen Lebensmitteln enthalten:

Fette sind in der Nahrung schwerer zu erkennen als Zucker.
Man schmeckt sie nicht so einfach heraus.
Fett ist jedoch in vielen Nahrungsmitteln versteckt.

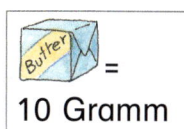

So viel Fett ist in diesen Lebensmitteln enthalten:

→ Seite 6

Was isst du alles an einem Tag?

1. Wähle dir einen Tag aus. Was hast du an diesem Tag gegessen?
   Erstelle eine Tabelle dazu **in deinem Heft**. Kreuze an.

	Obst / Gemüse	Getreide / Kartoffeln	Milch / ...	
Frühstück	X	X		
Brotzeitpause				
Mittagessen		X		
Abendessen				
Zwischendurch				

2. Vergleicht die Tabellen in der Klasse.

Wie gesund ernährst du dich?

1. Schneide dir aus Papier oder Pappe einen Teller aus.

2. Was gehört für dich zu einer ausgewogenen Mahlzeit?
   Schneide diese Nahrungsmittel
   aus Prospekten aus.
   Klebe sie auf deinen Teller.

3. Stellt eure Teller in der Klasse vor. Begründet eure Auswahl.

→ Seite 7, 11, 12, 13

Ein gesundes Klassenfrühstück

Frischkäse-Dip

Ihr braucht:

1. Sammelt weitere Rezepte für ein gesundes Klassenfrühstück.

 **Seite 5**

Pflanzen in Wiese und Hecke

Die Margerite oben kenne ich. Was hast du denn da noch?

Margerite

Gänseblümchen

Löwenzahn

Wiesenbocksbart

Rotklee

Weißklee

Breitwegerich

Spitzwegerich

Knäulgras

Wiesenfuchs-
schwanzgras

Hahnenfuß

Trollblume

Blumennamen haben häufig etwas mit ihrem Aussehen zu tun.
So entstand beispielsweise auch der Name „Hahnenfuß". Die Blätter
der Pflanze haben Ähnlichkeit mit den "Füßen" von Hähnen.

→ Seite 9

Ich freue mich schon
auf den Holundersirup!

Brennnessel

Taubnessel

Brombeere

Walderdbeere

66

Heckenrose/
Hundsrose

Heckenrose/
Kartoffelrose

Hasel

Roter Hartriegel

Schwarzer Holunder

Kornelkirsche/
Gelber Hartriegel

Schlehdorn

Weißdorn

Wenn du die Pflanzen in deiner Umgebung findest,
kannst du sie fotografieren oder zeichnen. Reiße sie nicht ab.

→ Seite 9

Der Aufbau von Pflanzen

dient der Vermehrung

Wurzel

verankert die Pflanze
im Boden und
nimmt Wasser auf

Stängel

Blüte

nutzt die Energie
der Sonne
zum Wachsen

Blatt

stützt die Pflanze

1. Benenne die Teile einer Blütenpflanze.

2. Welche Aufgaben haben die einzelnen Teile einer Pflanze?
   Ordne zu.

3. Warum kann der Löwenzahn hier wachsen?
   Welche der Wurzeln gehört wohl zum Löwenzahn?

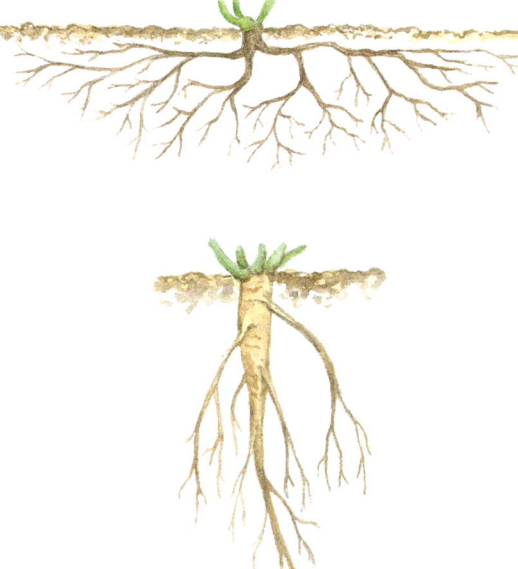

→ Seite 9

Wurzel

Blüte

Dorne

Blatt

Frucht

Stamm

dient der Vermehrung

nutzt die Energie
der Sonne
zum Wachsen

lockt Insekten an

verankert die Pflanze
im Boden und
nimmt Wasser auf

stützt den Strauch

schützt vor Fressfeinden

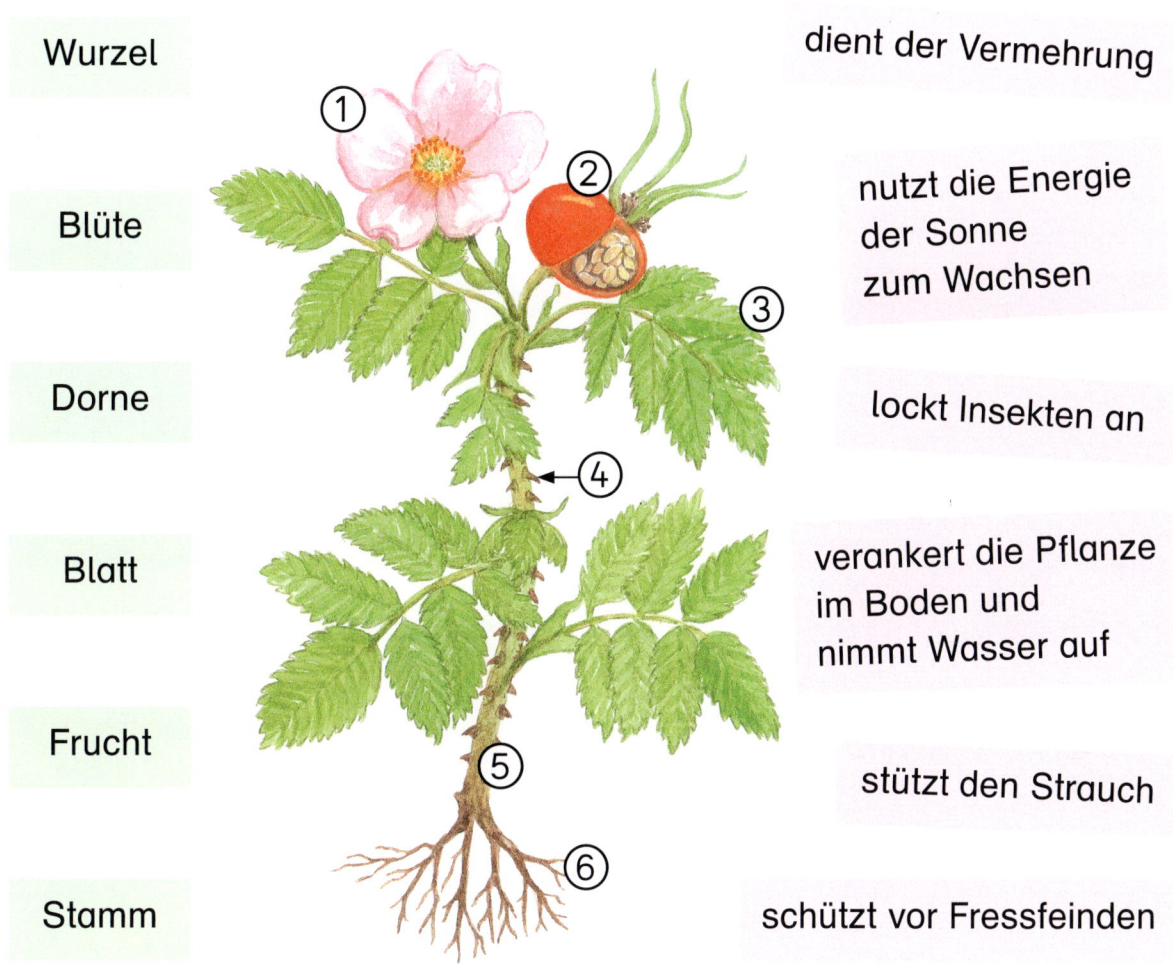

1. Benenne die Teile eines Strauchs.

2. Welche Aufgaben haben die einzelnen Teile einer Pflanze?

3. Warum haben viele Heckensträucher Dornen?

→ Seite 9

Der Löwenzahn im Jahreslauf

Februar
März

April
Mai
Juni
Juli

August
September

November
Dezember
Januar

Wunderbar
stand er da im Silberhaar.
Aber eine Dame,
Annette war ihr Name,
machte ihre Backen dick,
machte ihre Lippen spitz,
blies einmal, blies mit Macht,
blies ihm fort die ganze Pracht.
Und er blieb am Platze
zurück mit einer Glatze.

Josef Guggenmos

→ Seite 9

Die Hagebutte im Jahreslauf

Winter

Frühling

Herbst

Sommer

1. Wie verändern sich die Blätter, Blüten, Früchte im Laufe eines Jahres?

→ Seite 9

Pflanzen verbreiten sich unterschiedlich

Samen fallen herab:
Neigt sich der Stängel einer Mohnkapsel, fallen die Samen aus der Kapsel. Sie verstreuen sich, sodass eine neue Pflanze entstehen kann.

Der Wind hilft:
Löwenzahnsamen werden zum Beispiel vom Wind weitergetragen.
Wo sie landen, wächst ein neuer Löwenzahn.

Tiere helfen:
Einige Früchte enthalten Samen. Tiere fressen zum Beispiel Holunderbeeren und verdauen sie. Dort, wo sie den Samen ausscheiden, wächst eine neue Pflanze.

 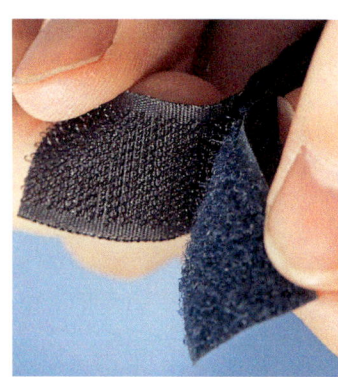

Samen haften sich an:
Kletten haben an ihren Früchten Widerhaken. Streift ein Tier eine Klette, so haftet diese in seinem Fell. Löst sich die Klette aus dem Fell, wächst an diesem Ort eine neue Pflanze.

Es gibt noch weitere Möglichkeiten der Ausbreitung, zum Beispiel bei der Erdbeere.

Erdbeeren vermehren

1. Probiere es aus.

Du brauchst:

①

Nicht abreißen!

②

AKTIV

③

④

⑤

⑥

→ Seite 9

Wir nutzen Pflanzen

Die Kartoffel

Vor fast 500 Jahren brachten Spanier die Kartoffel
aus Südamerika mit nach Europa. Sie hatten erkannt, wie wertvoll
diese Knolle war. Die Kartoffel ließ sich leicht anbauen
und schnell zubereiten. Sie machte die Menschen satt und war gesund.

**Noch heute ist die Kartoffel
ein wichtiges Grundnahrungsmittel.**
Die Kartoffeln, die wir essen,
sind die Sprossknollen
der Kartoffelpflanze.

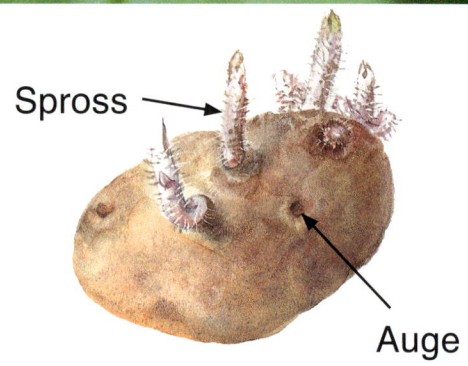

Spross

Auge

**In einer Kartoffel stecken viele wichtige Inhaltsstoffe.
Sie ist sehr gesund.**

Stärke

Eiweiß

Wasser

Vitamine

Kartoffeln kann man auf viele verschiedene Arten zubereiten. Roh dürfen wir sie nicht essen. **Kartoffeln müssen gekocht oder gebraten werden.**

So sind Kartoffeln doch nicht gesund!

Eine Kartoffelpflanze im Eimer ziehen

Du brauchst:

Blüte

Beere

Blatt

Stängel

Mutterknolle

neue Kartoffel

Wurzeln

Holunderblütensirup selbst gemacht

Du brauchst:

1 Liter warmes Wasser

ZUCKER 700 g

etwa 15 Blütendolden   20 g Zitronensäure

①

②

③

④

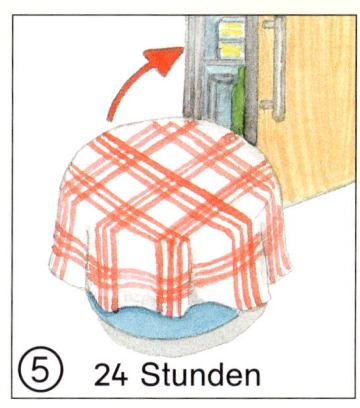

⑤ 24 Stunden

⑥

⑦

⑧ 5 Minuten kochen

⑨

Achtung heiß!

77

Erntezeit für Obst und Gemüse

Rosenkohl   Feldsalat   Spinat

Herbst

Apfel    Birne    Kirsche    Traube

Rotkraut    Kopfsalat    Rucola    Feldsalat

Tomate    Mangold    Blumenkohl    Rosenkohl

Spinat    Mais    Kürbis    Kartoffel

Frühlingszwiebel    Rhabarber    Erdbeere 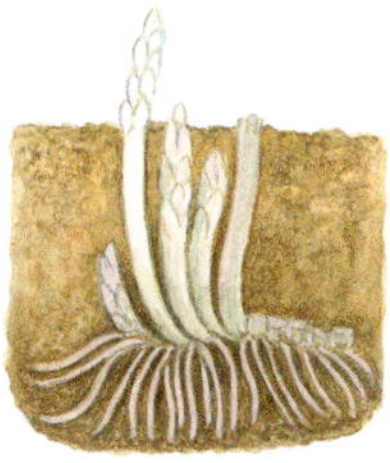   Spargel

Sommer

Aprikose    Himbeere    Brombeere    Kirsche

Pflaume    Johannisbeere    Paprika    Kürbis

Tomate    Kopfsalat    Blumenkohl    Brokkoli

Bohne    Lauch    Karotte    Gurke    Zucchini

Tiere in Wiese und Hecke

Auf einer Sommerwiese

① die Biene

⑦ die Blattlaus

⑦ die Feldmaus

⑦ die Feldlerche

⑦ die Heuschrecke

⑬ die Hummel

⑦ der Marienkäfer

⑦ der Maulwurf

② das Mauswiesel

⑦ die Nacktschnecke

⑦ der Regenwurm

⑦ der Schmetterling

⑦ die Schnirkelschnecke

→ Seite 9

An einer Hecke

- ⑦ die Ameise
- ⑦ die Amsel
- ① der Buchfink
- ⑦ die Blindschleiche
- ② der Dompfaff
- ⑦ die Haselmaus
- ⑦ der Igel
- ⑦ der Kleine Fuchs
- ⑦ die Kohlmeise
- ⑦ die Kreuzspinne
- ⑦ die Schnirkelschnecke
- ⑦ das Tagpfauenauge
- ⑦ die Weinbergschnecke
- ⑦ die Zauneidechse

→ Seite 9

Der Regenwurm

Aussehen
- rot bis braun
- bis zu 30 cm lang
- besteht aus etwa 100 Körperringen

Nahrung
- Erde und Pflanzenreste

Lebensraum
- in feuchten, lockeren Böden

Fortpflanzung
- Eiablage ab dem Alter von ein bis zwei Jahren
- Schlüpfen der kleinen Regenwürmer nach etwa 100 Tagen

Lebenserwartung
- bis zu zwei Jahre

Feinde
- Vögel, Dachse, Igel, Ameisen, Frösche, Maulwürfe, Mensch

Nutzen für die Wiese
- lockert die Erde auf, so können Pflanzen besser wachsen
- säubert die Wiese von abgestorbenen Pflanzen

Wissenswertes
Er heißt wahrscheinlich Regenwurm, weil er bei Regen
aus der Erde kommt.

→ Seite 6

Wie bewegt sich der Regenwurm?

1. Was vermutest du?

2. Überprüfe deine Vermutung.

Du brauchst:
- einen Regenwurm
- eine Glasplatte
- Schleifpapier, Stärke 150
- eine Lupe

Lege den Regenwurm auf verschiedene Oberflächen.

AKTIV

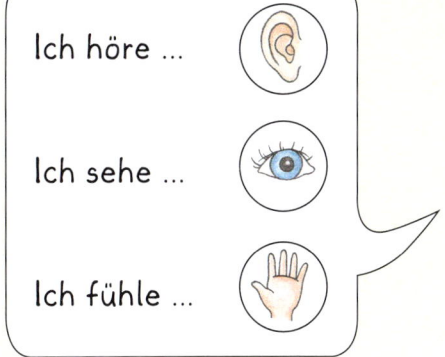

Ich höre ...

Ich sehe ...

Ich fühle ...

Sei vorsichtig!
Der Regenwurm gehört
zurück in die Erde.

3. Was hast du herausgefunden?

4. Vergleiche dein Ergebnis mit deinen Vermutungen.
Versuche dein Ergebnis zu erklären.

→ Seite 10

Der Igel: Ein Bewohner der Hecke

Im Frühling werden die Igelbabys geboren.
Sie kommen blind zur Welt und werden fünf Wochen lang
von ihrer Mutter gesäugt. Bei der Geburt sind die Stacheln
ganz weich. So können sie die Igelmutter bei der Geburt
nicht verletzen.

Die Igelmutter umsorgt ihre Kinder alleine.
Wenn sie auf Nahrungssuche geht, deckt sie ihre Kleinen
mit Blättern und Gras zu.

Die meisten Säugetiere besitzen ein Fell.
Beim Igel hat sich aber durch das Verwachsen einzelner Haare
ein dichtes Stachelkleid entwickelt.
Ein erwachsener Igel hat etwa 8 000 Stacheln.
Diese liegen am Körper an.

Die Stacheln bieten dem Igel Schutz
vor Feinden, wie der Eule, dem Fuchs
oder dem Marder.
Diese gehen wie der Igel nachts auf Jagd.
Da die Schnauzen der meisten Tiere
sehr empfindlich sind, schrecken sie vor
den Stacheln des eingerollten Igels zurück.

Igel laufen abends gerne auf die Straße,
weil die warme Straße viele Insekten anlockt.
Daher werden jedes Jahr
viele Igel überfahren.

In der Hecke und auf Wiesen finden Igel ausreichend Nahrung.
Sie fressen Schnecken, Regenwürmer, Raupen, Maden, Spinnen
und Käfer. Manchmal finden sie auch ein Nest mit kleinen Mäusen
oder mit Eiern von Vögeln, die ihr Nest am Boden haben.

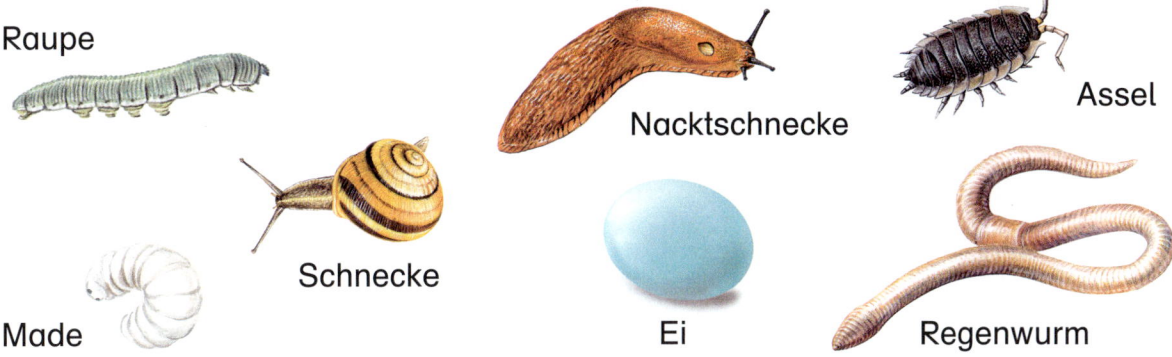

Raupe

Nacktschnecke

Assel

Schnecke

Ei

Regenwurm

Made

Sobald es im November merklich kälter wird, suchen die Igel
sich einen Schlafplatz. Den finden sie in einer dichten Hecke
oder im Laubhaufen.
Damit der Igel seinen Winterschlaf überlebt, frisst er sich
im Sommer und im Herbst ein dickes Fettpolster an.

Während seines Winterschlafs
rollt sich der Igel zu einer Kugel
zusammen. Er schläft vier bis fünf
Monate, ohne in dieser Zeit
etwas zu fressen.
Seine Körpertemperatur sinkt
während des Winterschlafs von
37 Grad auf zwei bis fünf Grad.
Das Igelherz schlägt statt etwa
280-mal nur noch zehnmal in der
Minute. So verbraucht er seine
Fettvorräte nur langsam.

Igel leben etwa vier bis fünf Jahre,
manchmal werden sie auch
bis zu acht Jahre alt.
Ein Igel wird 25 bis 30 Zentimeter
groß. Er wiegt vor seinem
Winterschlaf etwa ein Kilogramm,
das ist so viel wie zehn Tafeln
Schokolade.

→ Seite 6

Der Maulwurf: Ein Bewohner der Wiese

Erdhügel auf einer Wiese deuten darauf hin:
Hier wohnt ein Maulwurf.
Der Name Maulwurf hat nichts mit dem Maul zu tun,
sondern stammt von dem Wort „Mull". Mull bedeutet so viel wie
„zerfallende Erde". Der Maulwurf könnte also auch „Erdwerfer" heißen.

Der Maulwurf lebt unter der Erde in selbst gegrabenen Gängen.
Beim Anlegen dieser Tunnel fällt viel Erde an.
Zum Teil wird dieser Aushub an der Wand des Ganges festgedrückt,
teilweise aber auch nach außen befördert.
In einer Stunde können Maulwürfe 20 Zentimeter weit graben.
In ihren unterirdischen Gängen sind sie ungefähr
so schnell unterwegs wie wir Menschen über der Erde.

① **Burg** heißt der Maulwurfshügel über der Schlafkammer des Maulwurfs.

② Die **Schlafkammer** ist ein mit Blättern und Gras weich gepolstertes Nest.
Hier bringt das Maulwurfsweibchen zwei bis sechs Junge zur Welt.

③ **Die Vorratskammer** ist im Herbst gut gefüllt.

Durch die Öffnungen nach oben kommt Luft in die Gänge.
Die Luft braucht der Maulwurf zum Atmen.
Da es unter der Erde immer dunkel ist, erleben die Maulwürfe
keinen Wechsel von Tag und Nacht.
Sie leben in ihrem eigenen Rhythmus, der etwa sechs Stunden dauert.
Sie graben drei bis vier Stunden und schlafen anschließend
zwei bis drei Stunden.

Der Maulwurf hat einen besonderen Körper:
- Seine Hände sind große Grabschaufeln.
- Seine Augen sind fast völlig im Fell verborgen.
- Seine Ohren haben keine Ohrmuscheln.
- Sein Fell ist sehr fein und dicht und hat keinen Haarstrich.
  Das bedeutet, dass die Haare in alle Richtungen gleich
  beweglich sind.
- Der Körper hat die Form einer Walze.
  Er ist ungefähr 15 Zentimeter lang.
- Sein Schwanz ist kurz, die Schnauze ist spitz.
- Der Maulwurf ist so stark, dass er das Gewicht
  von 20 Maulwürfen stemmen könnte.

Der Maulwurf ist ein Vielfraß. Er frisst täglich halb so viel,
wie er selbst wiegt. Er ernährt sich nur von tierischer Nahrung.
Für den Winter legt er sich in der Vorratskammer einen Vorrat
von Regenwürmern an. Er lähmt die Regenwürmer mit einem Biss.
So können diese nicht fliehen, bleiben aber am Leben.

Der Maulwurf steht unter Naturschutz. Er darf nicht gefangen oder
getötet werden, auch wenn viele sich über die Erdhaufen ärgern.

→ Seite 6

Die Entwicklung des Tagpfauenauges

Im Frühsommer legt das Weibchen etwa 250 Eier an die Unterseite eines Brennnesselblatts.

Die bunten Augenflecken auf den Flügeln sollen ein größeres Tier vortäuschen und dadurch Feinde abschrecken.

Ohne Brennnesseln gäbe es kein Tagpfauenauge.

Schließlich reißt die Puppe auf. Der Schmetterling entfaltet seine Flügel und fliegt davon.

Aus den Eiern entwickeln sich die Raupen.

So sieht ein Tagpfauenauge fast wie eine Baumrinde aus. Mit zusammengefalteten Flügeln ist es vor seinen Feinden gut getarnt.

Nach einiger Zeit hängt sich die Raupe an einen Zweig und verpuppt sich.

Die Kohlmeise im Jahreslauf

Im Frühling suchen sich Weibchen und Männchen eine Höhle oder einen Nistkasten für ihr Nest. Das Nest wird mit viel Gras, Moos, Federn und Wolle aufgefüllt.

Im Herbst und im Winter ernährt sich die Kohlmeise von Samen und Beeren.

Am Ende ihres ersten Lebensjahres ist die Kohlmeise erwachsen. Sie kann sich nun fortpflanzen.

Das Weibchen legt sechs bis zwölf Eier in das Nest. Diese brütet sie ungefähr zwei Wochen lang aus. In dieser Zeit wird das Nest vom Männchen verteidigt.

Im Frühjahr und Sommer frisst die Kohlmeise Insekten, Larven, Raupen und Spinnen.

Die jungen Vögel schlüpfen und bleiben ungefähr 20 Tage im Nest. In dieser Zeit werden sie von beiden Eltern gefüttert.

Die Gartenkreuzspinne

Aussehen
- hellbraun bis schwarz
- hat ein Kreuz aus fünf Flecken auf dem Hinterleib
- Männchen bis 10 Millimeter groß
- Weibchen bis 15 Millimeter groß
- acht Beine

Nahrung
- Fliegen, Schmetterlinge, Heuschrecken, andere Insekten

Lebensraum
- halbschattige Plätze, Waldränder, Gärten, Wiesen

Fortpflanzung
- Herstellung von vier bis fünf Kokons
- Eiablage: 40 bis 50 Eier je Kokon
- nach etwa sechs Monaten Schlupf der Jungspinnen

Lebenserwartung
- zwei bis drei Jahre

Feinde
- Vögel, Igel

Bedeutung für manche Pflanzen
- frisst Insekten, die den Pflanzen schaden können

Wissenswertes
Für ein Spinnennetz braucht die Kreuzspinne etwa 18 Meter Faden und ungefähr 40 Minuten Zeit.

→ Seite 6

Die Blindschleiche

Aussehen
- braun, braunschwarz, grau
- bis zu 50 Zentimeter, eher kürzer
- glänzende Hautschuppen

Nahrung
- hauptsächlich Nacktschnecken, Regenwürmer
- wenig Insekten, Spinnen

Lebensraum
- Wiesen, Gärten, Hecken und Wälder
- Komposthaufen, Laub, unter Steinen

Fortpflanzung
- ab dem dritten Lebensjahr
- gebärt etwa 6 bis 12 Jungtiere in je einer weichen Eihülle
- sofortiger Durchstoß der Eihülle von den Jungtieren

Lebenserwartung
- bis zu acht Jahren

Feinde
- Füchse, Dachse, Igel, Iltisse, Eulen, Menschen

Bedeutung für manche Pflanzen
- fressen Schädlinge und sorgen so dafür, dass Pflanzen ungehindert wachsen können

Wissenswertes
Die Blindschleiche ist keine Schlange,
sondern eine Echse ohne Beine.
Bei Gefahr kann sie ihren Schwanz abwerfen.

→ Seite 6

Nutztiere

Die Biene

Wir halten Bienen, um Honig und Wachs zu bekommen.
Aus dem Wachs kann man zum Beispiel Kerzen herstellen.
Bienen leisten aber noch viel mehr für uns. Die meisten Obstbäume
und Gartenpflanzen werden von ihnen mit Pollen bestäubt.
Ohne diese Bestäubung könnten wir später kaum etwas ernten.

Bienen sammeln Nektar und Honigtau. Sie wandeln beides in Honig um. Der Honig dient dem Volk eigentlich als Futter.

Ein Imker züchtet Bienen. Er entnimmt den Bienenstöcken ein Teil des Honigs.

Die Bienen fliegen in ihren Bienenstock. Dort lagern sie den Honig in Waben. Sie verschließen diese, wenn sie voll sind.

Mit einer Maschine schleudert der Imker den Honig aus den Waben.
Er füllt ihn in Gläser ab.

Bienen besuchen immer wieder die Blüten einer bestimmten Pflanzenart. So entstehen verschiedene Honigsorten.
Honig ist sehr gesund und enthält viele Vitamine.

Akazienhonig   Bergblütenhonig   Waldhonig   Löwenzahnhonig

Wie wird eine Blüte bestäubt?

Wie viele Blüten fliegt eine Biene am Tag an?
Jede Honigbiene fliegt am Tag ungefähr 200 Blüten an.

Wie viel Nektar sammelt eine Biene an einem Tag?
Ein Bienenvolk mit 50 000 Bienen sammelt jeden Tag etwa drei Liter Nektar. Dies ergibt zwei Gläser Honig.

Welche Strecke legen Bienen zurück, damit ein Kilo Honig entsteht?
Fliegt man in Gedanken zweimal um die ganze Erde, dann wäre dies die Strecke, die Bienen hierfür zurücklegen.

Wie teilen Bienen mit, wo ertragreiche Blüten sind?
Mithilfe von Tänzen teilen Bienen anderen Bienen mit, wo und in welcher Entfernung es nektarreiche Blüten gibt.

→ Seite 6

Das passt

Tiere sind für ihren Lebensraum gut ausgestattet.
Mit den folgenden Versuchen kannst du dies zeigen.

1. Mit welchem **Hilfsmittel** kommst du am besten zu dem Saft im Glas?

AKTIV

2. Mit welchem **Werkzeug** bringst du den Sand leicht aus dem Gefäß?

3. Welches **Papier** kannst du am besten in der Hecke verstecken?

4. Welche **Frucht** vertrocknet am schnellsten?

→ Seite 9

Tiere und Pflanzen brauchen einander

Tiere und Pflanzen der Wiese sind voneinander abhängig, um leben zu können.

Blattläuse ernähren sich
vom Pflanzensaft.
Sie saugen ihn aus den Stängeln.

wird
gefressen
von

Marienkäfer und ihre Larven
fressen die Blattläuse.

Der Marienkäfer
braucht die Pflanze.
Auf ihr befinden sich
die Blattläuse.

1. Welchen Nutzen hat die Pflanze am Marienkäfer?
2. Zeichne weitere Nahrungsbeziehungen. Erzähle davon.

Richtiges Verhalten in der Natur?

Tollwut!
Gefährdeter Bezirk

Nicht berühren, sehr giftig!

Das kenne ich nicht.

Herkulesstrauch

Giftige Pflanzen

Herbst-
zeitlose

Liguster

Mai-
glöckchen

Pfaffen-
hütchen

Pflanzen, die ich
nicht kenne,
schaue ich nur an.

1. Wie solltest du verantwortungsvoll mit Tieren und Pflanzen umgehen?
Begründe.

→ Seite 13

Haustiere

Ein Platz für Tiere?

1. Informiert euch über die Bedürfnisse der einzelnen Tiere. Bildet dazu Gruppen. In jeder Gruppe sollte sich ein Kind mit dem ausgewählten Tier auskennen.

Der Schäferhund

Platzbedarf: ...

Pflege: ...

Nahrung: ...

Lebenserwartung: ...

Besonderes Verhalten: ...

Tagaktiv oder nachtaktiv: ...

Kosten für Anschaffung: ...

Regelmäßige Kosten: ...

2. Gestaltet ein Plakat zu dem Tier.

→ Seite 5, 8, 11

Tiere verstehen lernen

Katzen sind Einzelgänger. Sie sind sehr selbstständig und streifen gerne alleine umher.
Hunde sind Rudeltiere. Sie sind nicht gerne alleine.
Die Körperhaltung sagt euch, was das Tier gerade möchte.

① fauch!

② knurr!

③ schnurr!

④

⑤

⑥

Streichle mich!

Ich möchte meine Ruhe!

Spiele mit mir!

Halte Abstand!

1. Auch andere Tiere teilen über ihre Körperhaltungen Bedürfnisse mit.
Vielleicht kennt ihr Beispiele dafür.

→ Seite 13

Holz

Metall

Wachs

Stein

Papier

Pappe

Plastik

Wolle

Glas

Stoffe untersuchen

1. Welche Eigenschaften haben diese Stoffe?

2. Halte deine Ergebnisse in einer Tabelle **in deinem Heft** fest.

	Holz	Metall	Glas	
hart	X			
weich				
rau				

> Wasserlöslich?
> Wasserdurchlässig?
> Magnetisch?

3. Welche Eigenschaften kannst du noch untersuchen?
Ergänze die Tabelle.

4. Stellt eure Ergebnisse in der Klasse vor. Vergleicht sie.

106

→ Seite 7, 9, 11

Bringe Materialien zum Klingen

1. Wähle ein Material aus. Baue daraus ein Musikinstrument.

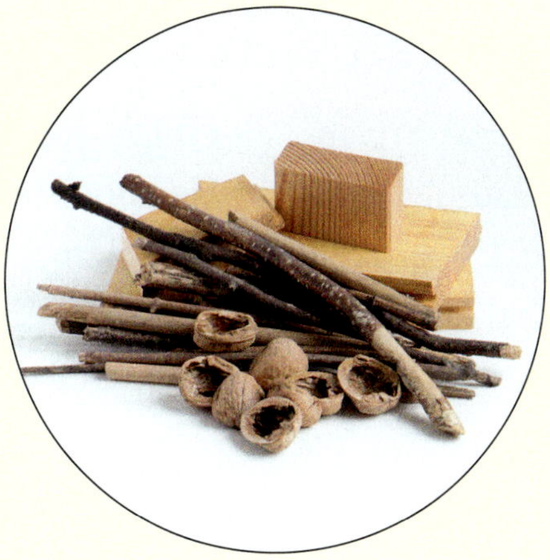

AKTIV PLUS

2. Stellt eure Instrumente
   in der Klasse vor.
   Wie klingen die Instrumente?

3. Zu welchem Lied oder welcher Geschichte
   passen die Instrumente?

Tief?

Hell?

Dumpf?

→ Seite 11

Feuergefahren und Brandschutz

Hausmeister rettet Grundschule

In der Grundschule an der Langestraße konnte gestern in letzter Minute ein Einsatz der Feuerwehr verhindert werden. Gegen 11 Uhr fing der Adventskranz in der Aula Feuer.

Der Feueralarm sprang zum Glück sofort an. So konnte der Hausmeister den Brand schnell mit dem Feuerlöscher in den Griff bekommen. Beinahe hätte die Feuerwehr anrücken müssen.

Oje, was war da wohl die Ursache?

Feuer kann sehr gefährlich werden

Kein Feuer ohne einen Erwachsenen!

Grillen verboten

Stadt Nürnberg Gartenbauamt

Gieße niemals brennbare Flüssigkeiten in einen glühenden Grill.

1. Was muss man im Umgang mit Feuer beachten? Formuliert Regeln dazu.

→ Seite 13

1. Sucht diese Vorrichtungen in eurem Schulhaus.
Wodurch schützen sie uns?

BRANDSCHUTZTÜR

**Brandschutz
im Schulgebäude**

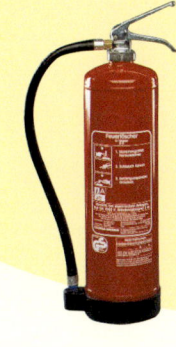

AKTIV

2. Erkläre die Regeln im Kasten.

3. Übt die Regeln mehrmals in der Klasse.

Richtiges Verhalten bei Feueralarm

1. Bewahrt Ruhe.

2. Schließt Fenster und Türen.

3. Stellt euch geordnet auf.

4. Tretet den Fluchtweg an.

5. Bleibt am Sammelplatz.

6. Stellt die Vollzähligkeit fest.

Notruf:
112

→ Seite 9, 13

Was geschieht mit unserem Abfall?

1. Wie sortiert ihr euren Abfall?

2. Warum sortieren wir überhaupt Abfall?

3. Was ist umweltfreundlicher?

→ Seite 5

Wiederverwertung von Glas

Das Glas wird
nach Farben getrennt
in Containern gesammelt.

In einer Abfüllanlage werden
die Flaschen wieder befüllt.

Ein Fahrzeug mit Kran
holt die Container ab.

Bei großer Hitze schmilzt Glas.
So kann es neu geformt werden.

Das Glas wird zerkleinert
und gelagert.

Eine Glas-Mehrwegflasche kann
bis zu 50-mal gereinigt und
befüllt werden. Erst dann muss
sie eingeschmolzen werden.

In der Papierwerkstatt

Eine Klasse verbraucht in einem Schuljahr etwa 100 Kilogramm Papier, nur für Hefte und Kopien. Das ist etwa so viel, wie 330 Sams-Bücher. Für die Herstellung benötigt man etwa 220 Kilogramm Holz oder 110 Kilogramm Altpapier.

1. Probiere selbst aus, wie aus altem Papier neues entstehen kann.

① Reiße zwei Doppelseiten einer Tageszeitung in kleine Stücke.

② Gib Wasser in einen Messbecher. Zerkleinere die Papierschnipsel darin.

③ Verrühre den Papierbrei mit fünf Liter Wasser in der Wanne.

④ Tauche den Schöpfrahmen gerade, bis auf den Boden, in die Wanne.

⑤ Hebe den Schöpfrahmen gerade aus dem Wasser.

⑥ Eine zweite Person wischt von unten mehrmals über das Sieb.

⑦ Nimm den oberen Teil des Schöpfrahmens ab.

⑧ Kippe das Sieb auf einem saugfähigen Tuch um.

AKTIV

⑨ Reibe die Siebrückseite trocken, bis sich das Papier löst.

⑩ Lege Tuch und Zeitung über das feuchte Papier. Rolle darüber.

⑪ Lege das Papier zum Trocknen auf ein trockenes Tuch.

Du kannst auch farbiges Papier schöpfen.

Regen

Sonne

Schnee

Wind (Sturm)

Nebel

Hagel

Was ziehe ich heute an?

Gewitter

leichte Bewölkung

Wie wird das Wetter?

Auch ohne Wetterbericht können wir uns über das Wetter informieren.
Bauern waren schon immer besonders abhängig vom Wetter.
Über lange Jahre haben sie Beobachtungen über das Wetter
gesammelt. Man sagt deshalb auch **Bauernregeln** dazu.

„Wenn die Schwalben niedrig fliegen,
werden wir bald Regen kriegen."

Tatsächlich sind es
kleine Insekten,
die bei nahendem Regen
niedriger fliegen.
Die Schwalben jagen sie in
den tieferen Luftschichten.

Bauernregeln beschreiben auch wiederkehrende Wettererscheinungen

Hoffentlich fällt die Schafskälte
in diesem Jahr nicht wieder
so kalt aus.

Eisheilige: Diese Bauernregel
besagt, dass es Mitte Mai
noch einmal Nachtfrost geben kann.

Schafskälte: Um den 11. Juni kommen sehr oft
noch einmal ein paar kühle und regnerische Tage.

Siebenschläfertag: Der 27. Juni gilt als Siebenschläfertag.
Das Wetter dieses Tages soll sich 7 Wochen lang halten.

1. Suche nach weiteren Bauernregeln und erkläre sie.

2. Für wen sind diese Wetterregeln noch wichtig?

3. Suche nach weiteren Informationen zu diesen Tagen.

→ Seite 5, 6

Gutes Wetter – schlechtes Wetter?

Die Wetteraussichten

Montag	Dienstag	Mittwoch	Donnerstag	Freitag
26°	25°	23°	18°	16°

Bis Mittwoch bleiben uns noch ein paar schöne Tage für das neue Dach.

Mein Urlaub endet erst am Sonntag. Doch bei diesem Wetter fahre ich lieber am Donnerstag nach Hause.

Schade, am Donnerstag ist Feiertag! Da wollten wir zum Baden gehen.

Schön, dass es ab Donnerstag wieder regnet. Bis dahin bin ich mit der Grasernte fertig und kann den Dünger ausfahren.

1. Sucht in einer Zeitung nach dem Wetterbericht.
Spielt damit einen Nachrichtensprecher bei der Wetteransage.

→ Seite 13

Wie verhalte ich mich richtig?

→ Seite 13

Wir beobachten das Wetter

Auf die **Temperatur** und den **Wind** müssen wir auch noch achten.

Wind weht   Wind weht schwach   Wind weht nicht

1. Beobachte eine Woche lang das Wetter. Lege dazu eine Tabelle an.

	MO	DI	MI	DO	FR	SA
Himmel	☀️🌥️	☀️🌥️	🌧️			
Wind	🚩	🚩				
Temperatur	🌡️10°C					

Mein nasser Finger zeigt, woher der Wind weht.

2. Baue ein Messgerät, mit dem du die **Windstärke** messen kannst.

→ Seite 7, 9

AKTIV

Frische Luft tut gut

Luft ist Leben

Wer atmet, der lebt – wer lebt, der atmet

1. Lege eine Hand auf den Bauch.
Halte die andere Hand
vor den offenen Mund.
Spüre deine Atemluft.

Atemberaubend

Jede Minute atmest du ungefähr 30-mal ein und wieder aus.
Das sind in der Stunde etwa 1 800 Atemzüge.
Ohne zu essen kann ein Mensch fast 40 Tage überleben,
ohne zu trinken nur wenige Tage,
ohne zu atmen nur wenige Minuten.

Luft wird auch verschmutzt

Können Kinder etwas zur Reinhaltung der Luft beitragen?

Wenn wir den Kamin nutzen, achten wir ...

Mein Papa raucht nicht mehr. Ich will ...

Wir machen einen Radurlaub.

Ich kann zu Fuß zur Schule gehen. Und ihr?

1. Welche Ideen habt ihr, um die Luft rein zu halten?
Erstellt ein Plakat dazu.

➔ Seite 8, 12, 13

Eigenschaften von Luft

1. Probiere aus.

Blase vorsichtig den Ballon auf.

Laufe erst mit geöffnetem, dann mit geschlossenem Regenschirm.

Lege eine offene, leere Glasflasche 30 Minuten in den Kühlschrank. Stülpe dann einen Luftballon über den Flaschenhals. Stelle die Flasche nun in ein Gefäß mit heißem Wasser.

2. Welche Eigenschaft hast du bei welchem Versuch herausgefunden?

Luft bremst

Luft kann Druck ausüben

Luft dehnt sich aus

Luft treibt an

→ Seite 10

AKTIV

Nutze die Eigenschaften von Luft

1. Baue ein Luftspielzeug.

Und was ist damit?

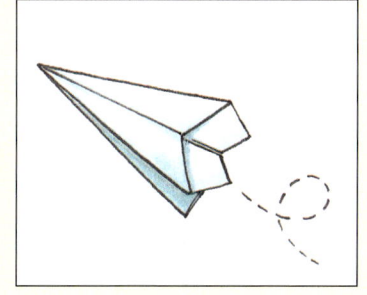

125

Tageszeiten

Toms Schultag

Tag   Morgen   Vormittag   Mittag   Nachmittag   Abend   Nacht

Toms Sonntag

1. Beschreibe Toms Tage. Vergleiche sie mit deinen.

Wochentage

Eine Woche hat sieben Tage.
Sie beginnt an einem Montag.

Montag   **Dienstag**   **Mittwoch**

Am Donnerstag telefoniert Tom mit seiner Großmutter.

Ich habe **heute** keine Hausaufgaben.
Gestern habe ich ...
Morgen muss ich ...
Am Wochenende möchte ich ...

1. Spielt das Gespräch zu zweit nach.

Ein Jahr besteht aus 52 Wochen.
Wie viele Tage hat eigentlich ein Jahr?

| Donnerstag | Freitag | Samstag | Sonntag |

2. Erzähle in der Klasse von deiner letzten Woche.

3. Was hast du diese oder letzte Woche alles gemacht?
Lege dir eine Tabelle **in deinem Heft** an. Schreibe oder zeichne.

Montag	Dienstag	Mittwoch		

→ Seite 7, 9

Monate und Jahreszeiten

Die **Herbstmonate** heißen
September, **Oktober** und **November**.
Am Herbstanfang sind Tag und Nacht
gleich lang.
Dieser Zeitpunkt liegt um
den 22. September.

jüdisches
Laubhüttenfest

Şeker Bayramı

Zum **Sommer** gehören die Monate
Juni, **Juli** und **August**.
Am Sommeranfang ist der Tag
am längsten und die Nacht
am kürzesten.
Dieser Zeitpunkt liegt um den 21. Juni.

1. In welchem Monat feiern wir welches Fest?

2. Welche Feste kennt ihr noch?
   Welche Bedeutung haben sie? Wann werden sie gefeiert?

→ Seite 5

Die Monate **Dezember**, **Januar** und **Februar** gehören zum **Winter**. Zum Winterbeginn ist die Nacht am längsten und der Tag am kürzesten. Dieser Zeitpunkt liegt um den 23. Dezember.

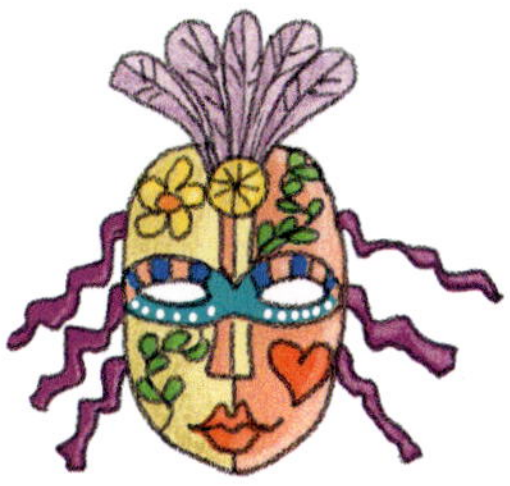

Die **Frühlingsmonate** sind **März**, **April** und **Mai**. Am Frühlingsanfang sind Tag und Nacht gleich lang. Dieser Zeitpunkt liegt um den 21. März.

Winter
Januar
Februar
März
April
Frühling
Mai

3. Wie unterscheiden sich die Jahreszeiten?

Früher und heute

Vor sieben Jahren und heute
Elias wurde vor sieben Jahren geboren.
Heute erinnern verschiedene Spuren an dieses Ereignis.
Diese Spuren heißen auch **Quellen**.

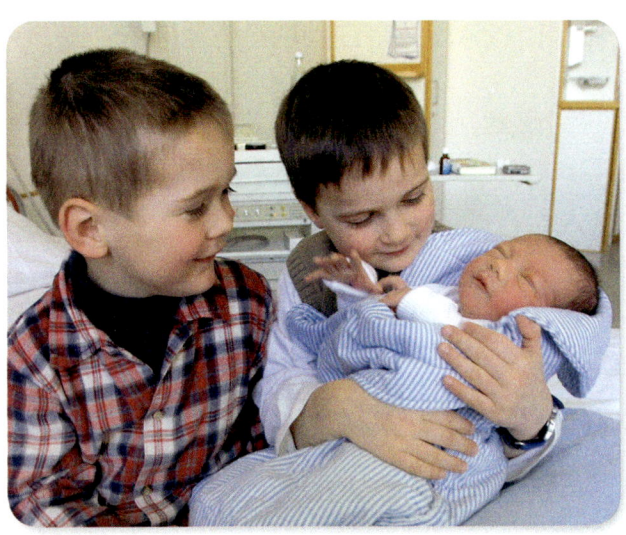

Fotos

Gegenstände

Am Tag deiner Geburt war ich sehr glücklich.

Endlich!
Unser Nachwuchs ist da.

Elias

ist am 26. Januar um 21.43 Uhr
zur Welt gekommen.
Er ist 3900 Gramm schwer
und 54 cm groß.

Es freuen sich riesig
die glücklichen Eltern sowie
Lukas und Johannes Müller

Texte

Berichte von Zeitzeugen
(Eltern, Großeltern, …)

Mein erster Geburtstag

An den ersten Geburtstag können wir uns nicht mehr erinnern.
Wir können aber **Quellen** dazu sammeln und **Zeitzeugen** befragen.

1. Sammle **Bilder**, **Gegenstände** und **Texte**,
   die an deinen ersten Geburtstag erinnern.

2. Frage deine Eltern
   oder andere Personen.

3. Konntest du alle deine Fragen beantworten?
   Welche **Quellen** haben dir dabei geholfen?
   Berichte den Kindern deiner Klasse.

AKTIV

→ Seite 5, 11, 12

Elias erinnert sich: Mein erster Schultag

An meinem ersten Schultag war schönes Wetter.

Ich hatte die größte Schultüte von allen Kindern.

Mein Freund trug eine rote Hose.

Die Großen haben zur Begrüßung gesungen.

In meiner Schultüte war Schokolade.

Mit mir sind 100 andere Kinder in die Schule gekommen.

1. Überprüfe mit den Quellen, ob Elias Erinnerungen stimmen.

Der Ernst des Lebens beginnt

München, den 17. 9.

Für 65 Erstklässler begann gestern bei strahlendem Sonnenschein der Ernst des Lebens. Bei der Feier in der Aula hielt die Rektorin eine Rede. Die Zweitklässler sangen zur Begrüßung ihrer neuen Mitschüler ein Lied. Anschließend lernten die Kinder ihre neuen Lehrerinnen und Lehrer kennen. Der Unterricht endete an diesem Tag um 11.10 Uhr.

→ Seite 9, 13

Eine Zeitleiste erstellen

Auf einer **Zeitleiste** kannst du wichtige Ereignisse
aus deinem eigenen Leben festhalten. So kann sie aussehen:

früher

Meine Geburt

Mit drei Jahren

Mein 1. Schultag

heute

Das kann ich
jetzt schon

AKTIV

1. Sammle Fotos aus deiner Lebensgeschichte.
   Wie alt warst du auf den Fotos? Bringe sie in die richtige Reihenfolge.

2. Was kannst du **heute** schon richtig gut? Male oder schreibe dazu.

3. Klebe alles auf eine Zeitleiste.

4. Du kannst deine Zeitleiste noch weiterführen:
   Was möchtest du **später** einmal werden?

in Zukunft

?

Mein Berufswunsch

5. Stellt eure Zeitleisten in der Klasse vor. Vergleicht sie miteinander.

→ Seite 5, 8, 11

Hungerjahre in Deutschland

Es ist noch gar nicht so lange her, dass in Deutschland
Menschen hungern mussten. Im Zweiten Weltkrieg und danach
waren Lebensmittel sehr knapp. Sie mussten verteilt werden.
Daher gab es für jede Person eine Lebensmittelkarte pro Monat.
Auf dieser Karte stand, wie viel Brot, Milch oder Butter man
kaufen konnte. Zeitzeugen können dir erzählen,
wie es damals war.

Die Nahrung, die man durch die Lebensmittelkarten zugeteilt bekam,
reichte bei weitem nicht aus. Um überleben zu können,
fuhren viele Menschen in völlig überfüllten Zügen auf das Land.
Da Geld damals nichts wert war, versuchten sie,
Lebensmittel gegen wertvolle Dinge zu tauschen.
Sie nahmen Schmuck, Kleidung und Teppiche mit
und tauschten sie gegen Butter, Kartoffeln, Speck und andere
essbare Dinge. Man nannte diese Fahrten „Hamsterfahrten".
Manchmal waren Frauen den ganzen Tag unterwegs,
um Nahrung für ihre Kinder zu beschaffen.
Sie kamen nur mit wenigen Kartoffeln im Rucksack heim.

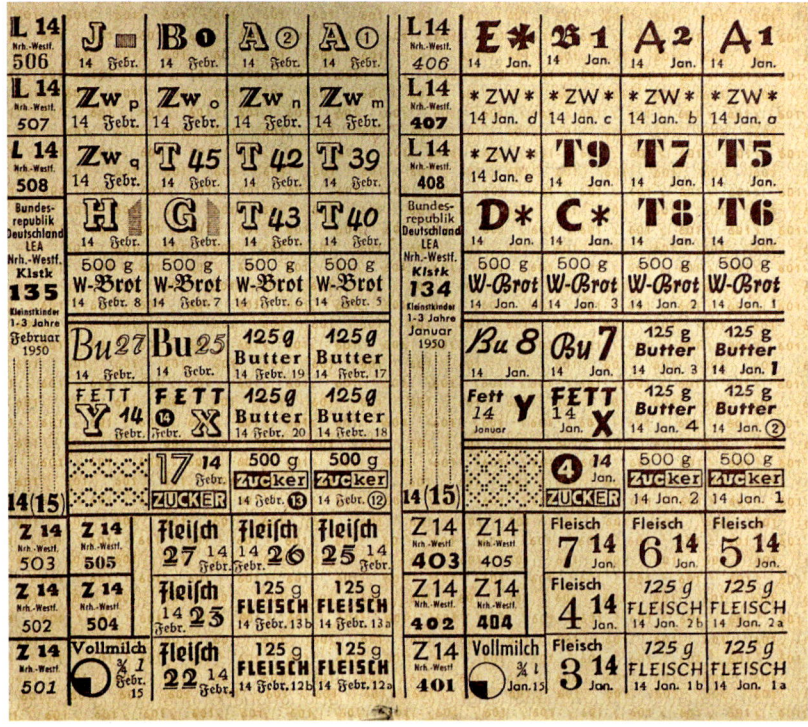

Lebensmittelkarte
von 1950

1. Befrage deine Großeltern oder Urgroßeltern:
   Wie ging es ihnen in der Zeit nach dem Krieg?

→ Seite 5, 6

Viele Kinder kamen damals ohne Frühstück zur Schule, weil
Lebensmittel so knapp waren. Oft bekamen sie mittags auch zuhause
kein warmes Essen. Die meisten Jungen und Mädchen wogen viel zu
wenig, sie waren unterernährt. Darum wurde damals in Deutschland
die Schulspeisung eingeführt. Das Geld und die Nahrungsmittel
dafür kamen aus anderen Ländern.

Alle Schulkinder erhielten täglich eine warme Mahlzeit in der Schule.
Die Kinder mussten einen Löffel und ein Gefäß in die Schule
mitbringen. Bei einigen bestand dieses Gefäß aus einer
Konservendose mit einem selbst gebastelten Henkel aus Draht.

Die Lehrerinnen und Lehrer teilten das Essen aus.
Als sich die Versorgung mit Lebensmitteln verbessert hatte,
wurde die Schulspeisung wieder eingestellt.

1. Findet heraus, wann eure Schule gegründet wurde.
Gab es damals auch eine Schulspeisung?

→ Seite 5, 6

Das Oktoberfest im Wandel der Zeit

Darstellung des Pferderennens aus dem Jahre 1810

1810 wurde zu Ehren der Hochzeit von Kronprinz Ludwig von Bayern
mit Prinzessin Therese ein Pferderennen veranstaltet.
Das war die erste „Wiesn".

1811 organisierte der „landwirtschaftliche Verein in Bayern" das Fest.
Neben dem Pferderennen gab es einen Viehmarkt und
eine Viehausstellung mit einer Preisverleihung.
Ab 1812 wurde zwei Tage lang gefeiert.

1818 kamen das erste Karussell und zwei Schaukeln dazu.
Die „Wiesn" wurde immer beliebter und dauerte nun acht Tage.

Berg- und Talbahn, um 1905

In den folgenden Jahren wurde das Oktoberfest immer größer.
Neben der Pferderennbahn kamen neue Karusselle,
Losstände, Schaukeln und Buden dazu.
Das Volksfest wurde nun von der Stadt München veranstaltet.

Um 1900 verlängerte man das Fest auf zwei Wochen.
Die vielen Festzelte und Fahrgeschäfte lockten immer mehr Besucher
auf die Wiesn. Das Fest brachte der Stadt wichtige Einnahmen.
Ab 1938 wurde kein Pferderennen mehr auf der Wiesn veranstaltet.

Heute ist das Münchner Oktoberfest das größte Volksfest der Welt.
Viele Besucher reisen von nah und fern an.

1. Welche Veränderungen zu früher fallen dir auf?

2. Warum wird das Oktoberfest heute noch gefeiert?

3. Gibt es Feste in deiner Region, die an ein vergangenes Ereignis erinnern?
   Informiere dich, wie sie sich verändert haben.

→ Seite 5, 6, 13

BÄCKEREI

ZONE **SCHULE**

KIOSK **PIZZERIA** **EISDIELE** **BLUMEN**

Leo

Mein Schulweg ist ganz einfach:
Ich laufe nach links,
dann ...

Im Schulhaus unterwegs

Das Kind hätte den Weg auch beschreiben oder aufzeichnen können.

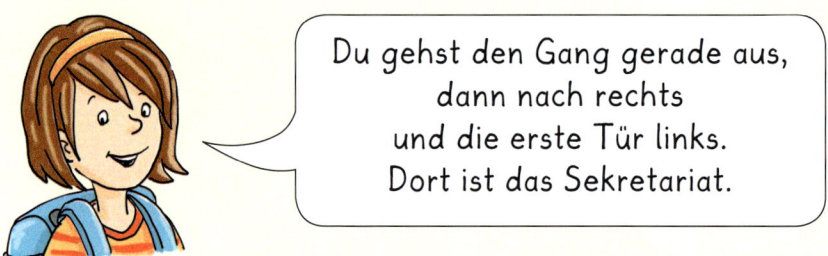

1. Zeichne den beschriebenen Weg.

2. Beschreibe Wege in deiner Schule.

AKTIV

142

→ Seite 9, 11

Grundrisse

Unten siehst du Leos Tisch als **Grundfläche** gezeichnet. Man nennt dies auch **Grundriss**.

Das ist mein Tisch.

Nein, meiner.

AKTIV

1. Zeichne Grundrisse von verschiedenen Gegenständen.

Grundfläche

Grundriss

2. Legt verschiedene Gegenstände auf den Tageslichtprojektor. Der Schatten zeigt den Grundriss. Erratet die Gegenstände.

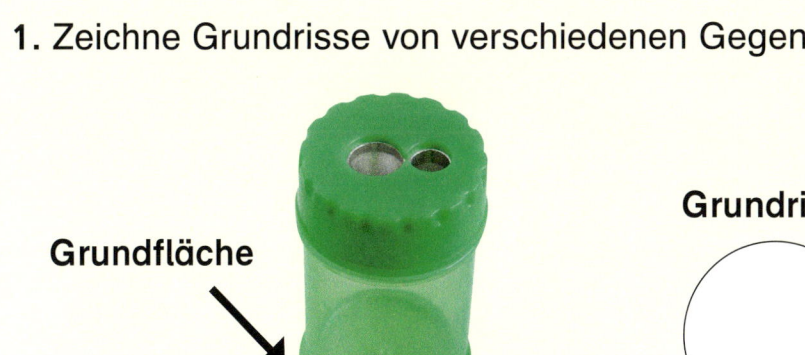

Modelle bauen

1. Erkundet eure Schulumgebung.

2. Baut Modelle und stellt sie auf ein festes Papier.

3. Schneidet Papierstreifen für Straßen aus. Legt sie dazu.

→ Seite 9

Vom Modell zum Grundriss

So könnte ein fertiges Modell der Schulumgebung aussehen:

1. Erstellt für euer Modell der Schulumgebung einen **Grundriss**.

Wenn du die **Grundfläche** der Häuser mit einem Stift umfährst, erhältst du einen **Grundrissplan**.

AKTIV PLUS

Schulwege

Die **Skizze** ist ein Ausschnitt von Seite 140 und 141.

gegenüber	links	geradeaus	unten	hinter
oben	rechts	vor	unter	über

1. Vergleiche die Skizze mit den Seiten 136 und 137.
   Welche Gebäude erkennst du wieder?

2. Beschreibe den Schulweg
   von Erkan und Milla.

Ich gehe rechts bis ...,
dann ...

Zuerst überquere ich ...,
dann ...

→ Seite 9

So hat Leo seinen Schulweg gezeichnet:

1. Zeichne deinen Schulweg.

2. Beschreibe deinen Schulweg.

Zuerst gehe ich bei der Apotheke über die Ampel. ...

3. Hängt eure Zeichnungen in der Klasse auf.
Überlegt, wer welchen Schulweg hat.

Warum? Begründe!

Das ist dein Schulweg.

→ Seite 11, 13

Sicher über die Straße

**Schaue zuerst nach links,
dann nach rechts** und
noch einmal nach links.
Ist die Straße frei,
überquere sie rasch.

Ist die Straße frei oder
halten die Autos an,
kannst du rasch
die Straße überqueren.

**Gehe nur bei Grün
über die Ampel.**
Achte trotzdem noch auf
die Autos und Radfahrer.

Halten sich auf
Seite 140, 141
alle an
die Regeln?

Zwischen parkenden Autos überquerst du besser nicht die Straße.
Du siehst die fahrenden Autos schlecht und ihre Fahrer können dich nicht sehen.

Lasse einen Bus zuerst wegfahren, bevor du die Straße überquerst.

Halte genügend Abstand zu parkenden Autos.
Jemand könnte plötzlich eine Autotür öffnen.

1. Spielt die Szenen im Klassenzimmer oder in der Sporthalle nach.
   Ihr könnt Tische, Stühle oder Sportgeräte als Hilfsmittel verwenden.

Diese Verkehrszeichen sind für Fußgänger wichtig.

AKTIV

1. Was bedeuten diese Schilder?

Fußgängerüberweg	Verkehrshelfer	Bushaltestelle

Gemeinsamer Rad- und Fußweg	Getrennter Rad- und Fußweg

Weg nur für Fußgänger	Weg nur für Radfahrer	Spielstraße

2. Suche diese Verkehrszeichen
auf deinem Schulweg.
Wo stehen sie?
Warum stehen sie dort?

So viele Verkehrsschilder!
In Deutschland steht
im Durchschnitt alle
28 Meter ein Verkehrsschild.

→ Seite 9, 13

Seid ihr im Dunkeln gut zu erkennen?

AKTIV

1. Welche Farben siehst du bei schlechter Sicht gut?
   Lege weißes Transparentpapier über das Bild. Vergleiche.

2. Warum ist es wichtig, dass ihr gesehen werdet?
   Probiert aus, ob man euch gut sieht.

→ **Seite 9**

Mit Bus und Auto unterwegs

1. Hier wird einiges falsch, manches richtig gemacht. Überlege.

→ Seite 13

Augen auf und Ohren spitzen!

1. Wie gut kannst du sehen? Probiere es aus.

Versuch 1: Drehe deinen Kopf nicht. Sobald du ein Kind erkennst, rufst du seinen Namen.

Versuch 2: Mache es wie in Versuch 1. Du darfst jetzt deinen Kopf hin und her drehen.

2. Wie gut kannst du hören? Probiere es aus.

Versuch 1: Abwechselnd ruft ein Kind aus dem Kreis eine Zahl bis 10. Drehe dich und zeige auf das Kind.

Versuch 2: Mache es wie in Versuch 1. Höre dabei Musik mit einem Kopfhörer.

→ Seite 9, 13

AKTIV

Leben in der Stadt

Ich lebe gerne **in der Stadt**. Da kann man so vieles unternehmen!

→ Seite 9

Leben auf dem Land

1. Was magst du an deiner Umgebung? Was stört dich?

2. Möchtest du lieber in der Stadt oder auf dem Land leben? Begründe.

Ich lebe gerne **auf dem Land**.
Hier kenne ich alles.
Ich kann hier in der Natur
mit meinen Freunden spielen.

3. Wie nutzen die Menschen die Landschaft? Ist das immer gut?

→ Seite 9, 13

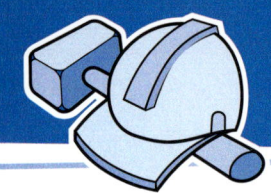
Welcher Beruf steckt hier dahinter?

Berufe in Handwerk und Industrie

Es gibt sehr viele Berufe im Handwerk und in der Industrie.
Hier sind einige davon dargestellt.

Dachdecker, Dachdeckerin

• **einige Aufgaben:**
Dächer decken und reparieren,
Hauswände dämmen,
Solaranlagen befestigen

• **einige Anforderungen:**
Man muss körperlich belastbar
und schwindelfrei sein.

Bäcker, Bäckerin

• **einige Aufgaben:**
Brot, Brötchen und Kuchen
backen, in der Bäckerei
Backwaren verkaufen

• **einige Anforderungen:**
Man muss sehr früh aufstehen
und Spaß am Backen haben.

Schneider, Schneiderin

• **einige Aufgaben:**
Kleidung entwerfen, Maß nehmen,
Stoffe zuschneiden und
zusammennähen

• **einige Anforderungen:**
Man sollte kreativ sein und Spaß
am Nähen haben.

Steinmetz, Steinmetzin

• **einige Aufgaben:**
Verarbeitung von Steinen zu
Bodenplatten oder Treppen,
Herstellung von Steindenkmälern

• **einige Anforderungen:**
Handwerkliches Geschick
und Kreativität sind hier gefragt.

Bürokaufmann, Bürokauffrau

- einige Aufgaben:

Termine koordinieren und vorbereiten, Rechnungen stellen und bearbeiten, Kosten planen

- einige Anforderungen:

Man sollte gut organisieren können und Stress aushalten.

Industriemechaniker, Industriemechanikerin

- einige Aufgaben:

Herstellung und Überprüfung von Maschinenbauteilen, Reparatur oder Umbau von Geräten

- einige Anforderungen:

Gutes Verständnis für Technik

Bauingenieur, Bauingenieurin

- einige Aufgaben:

Planen und Berechnen von Bauwerken, Überwachung und Überprüfung des fertigen Baus

- einige Anforderungen:

Man sollte gut in Mathematik sein und sich durchsetzen können.

Fachinformatiker, Fachinformatikerin

- einige Aufgaben:

Planung und Umsetzung von komplizierter Software, Schulung von Benutzern

- einige Anforderungen:

Logisches Denken ist notwendig.

→ Seite 6

Dienstleistungsberufe, Landwirtschaftsberufe

Auch im Bereich der Dienstleistung und in der Landwirtschaft
gibt es vielfältige Berufe.

der Krankenpfleger, die Krankenschwester

- **einige Aufgaben:**
Kranke Menschen betreuen,
versorgen und teilweise behandeln

- **einige Anforderungen:**
Einfühlungsvermögen für andere
Menschen ist eine Voraussetzung.

Friseur, Friseurin

- **einige Aufgaben:**
Haare waschen, pflegen,
schneiden, färben, frisieren
sowie Kunden beraten

- **einige Anforderungen:**
Man muss Spaß im Umgang mit
anderen Menschen haben.

Lehrer, Lehrerin

- **einige Aufgaben:**
Schulstunden planen, Kinder oder
Erwachsene in verschiedenen
Fächern unterrichten

- **einige Anforderungen:**
Man muss andere Menschen
motivieren und fördern können.

Hotelfachmann, Hotelfachfrau

- **einige Aufgaben:**
Gäste empfangen und betreuen,
Zimmer reservieren und reinigen,
Preise kalkulieren

- **einige Anforderungen:**
Man muss immer freundlich
und höflich bleiben.

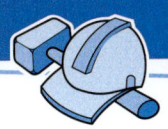

Forstwirt, Forstwirtin

- •einige Aufgaben:
Bäume pflanzen, pflegen, fällen, Wege befestigen, Wild hegen und pflegen

- •einige Anforderungen:
Handwerkliches Geschick und gute Orientierung sind Vorraussetzung.

Landwirt, Landwirtin

- •einige Aufgaben:
Äcker pflegen, die Ernte einbringen und verkaufen, Tiere füttern und züchten, Maschinen bedienen

- •einige Anforderungen:
Man sollte gerne im Freien und mit Tieren und Pflanzen arbeiten.

1. Was weißt du schon über die Berufe? Was interessiert dich noch?

2. Befrage eine erwachsene Person in deiner Familie nach ihrem Beruf. Erstelle einen Steckbrief.

Beruf:

Wo arbeitest du?

Was ist deine Aufgabe?

Trägst du eine Arbeitskleidung?

Was musst du besonders gut können?

→ Seite 5, 6

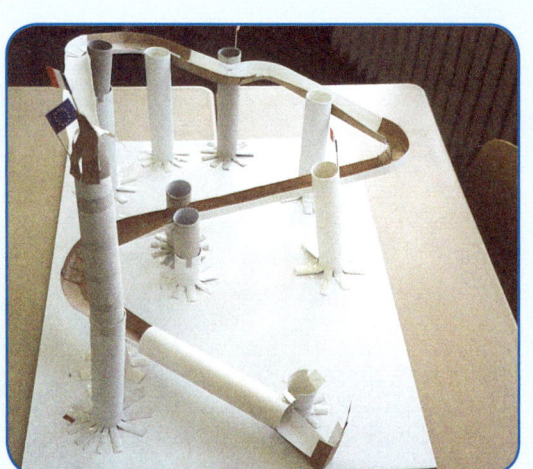

Der steht ja fast wie ein richtiger Turm!

Ich musste sehr darauf achten, dass ...

Werkzeuge richtig verwenden

①  ②  ③  ④

⑤  ⑥ 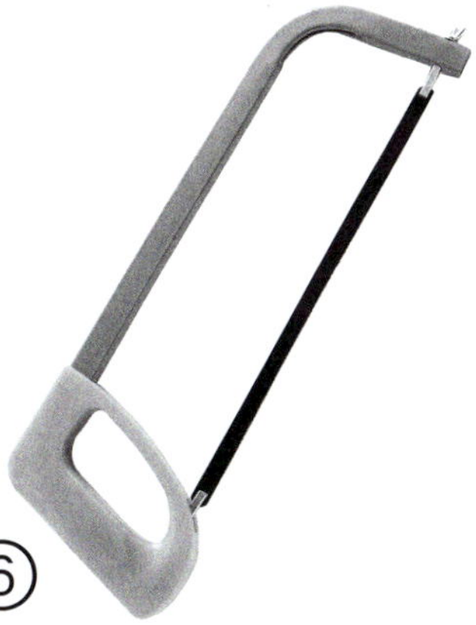 ⑦  ⑧

| das Messer | der Hammer | die Feile | der Handbohrer |
| die Beißzange | die Schere | die Säge | der Schraubendreher |

Ein Alleskönner-Werkzeug!
Faustkeile sind wahrscheinlich die ältesten
Werkzeuge, die Menschen genutzt haben.
Sie waren aus Stein und wurden vermutlich
als vielseitige Helfer verwendet: Man konnte damit
schneiden, hacken, schaben, hämmern und werfen.

1. Welche Werkzeuge können die Kinder für ihre Arbeit gut gebrauchen?

2. Berichte über deine Erfahrungen mit Werkzeugen.

3. Welche Werkzeuge kennst du noch?
   Stelle sie der Klasse vor.

Das ist eine Rohrzange.
Damit kann man ...
Sie funktioniert so: ...

→ Seite 9

So wirst du ein Werkzeugprofi!

Du brauchst:

- ein dickes Holzbrett
- eine Holzleiste

AKTIV

1. Stellt gemeinsam Sicherheitsregeln auf.

2. Arbeite immer ruhig, bedacht und vorsichtig.
   Ein Erwachsener muss dabei sein.

Schlage den Nagel
mit dem Hammer bis
zur Hälfte gerade in das Brett.

Ziehe den Nagel
mit der Beißzange heraus.

Drehe die Schraube mit
dem Schraubendreher
in das Brett.

Wenn du das alles richtig machst,
bekommst du
eine Werkzeugurkunde.

Biege mit der Rundzange
einen Buchstaben
aus der Büroklammer.

Säge die Leiste möglichst
gerade auseinander.

Glätte die Ränder
mit einer Feile.

Zeichne einen Stern
auf ein festes Papier.
Schneide ihn genau entlang
der gezeichneten Linien aus.

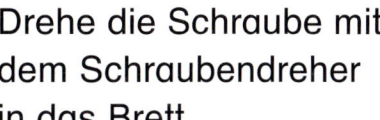

AKTIV

169

Räderfahrzeuge

1. Baue ein Räderfahrzeug mit Gummiantrieb.

Du brauchst:

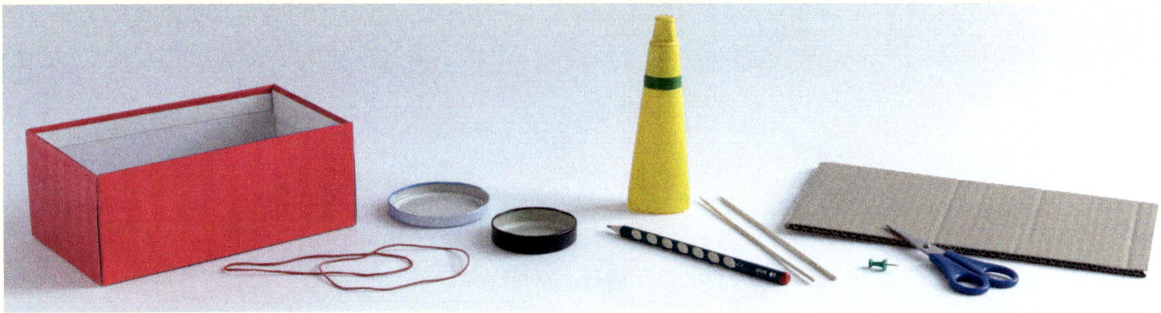

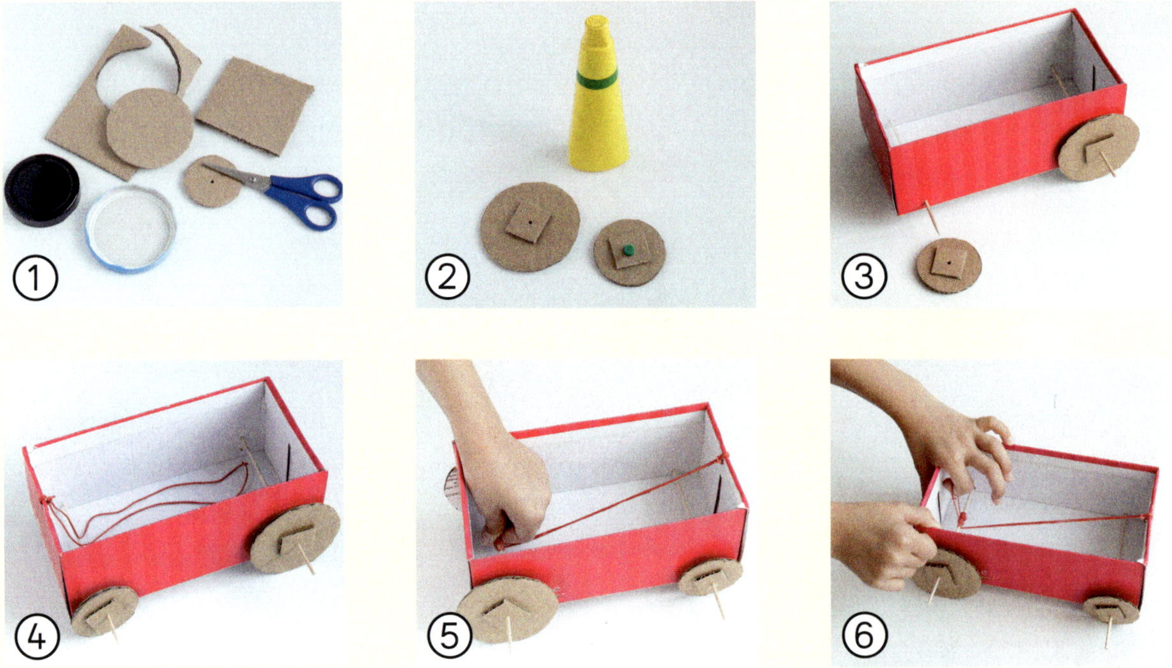

① ② ③

④ ⑤ ⑥

2. Lasst eure Räderfahrzeuge fahren.

Das ist nicht ganz fair!

3. Wie könnt ihr einen fairen Wettbewerb gestalten?

Kugelbahnen bauen

Ihr braucht:

1. Baut so, dass die Kugel so lange wie möglich rollt.

2. Stellt eure fertigen Kugelbahnen vor.
Wer hat die schönste, wildeste, längste, stabilste Kugelbahn?
Welche Tipps könnt ihr geben?

→ Seite 11

171

Besondere Bauten in Bayern

Das höchste Haus Bayerns steht in München. Das „Uptown München" ist 146 Meter hoch und hat 37 Stockwerke. Trotz seiner Größe kann ein solches Gebäude heute in drei Jahren errichtet werden. Das hohe Gebäude steht stabil und sicher auf einer großen Bodenplatte.

Der höchste Backsteinturm der Welt ist gleichzeitig der höchste Kirchturm Bayerns. Er gehört zur Martinskirche in Landshut. Der 130 Meter hohe Turm wird nach oben hin immer schmaler. Die bedeutende Kirche wurde zwischen 1385 und 1500 erbaut.

Die Großhesseloher Brücke wurde für die Eisenbahn und für Fußgänger und Radfahrer gebaut. Sie ist ein Fachwerkbau und hat Pfeiler aus Stahlbeton. So kann sie schwere Belastungen tragen.

Das höchste Bauwerk in Bayern
ist der Fernsehturm in Nürnberg.
Er ist über 292 Meter hoch und
wiegt 23.000 Tonnen. Er steht stabil,
weil er 18 Meter tief in den Boden ragt
und trotzdem schwingen kann.

Die längste Burganlage in Europa
findet man in Burghausen.
Sie ist 1051 Meter lang.
Zur Zeit der Ritter schützte sie
vor Überfällen und Plünderungen.

Schloss Neuschwanstein wurde
vor über 140 Jahren gebaut.
Es ist eines der berühmtesten
Schlösser der Welt.
König Ludwig II. wollte mit
dem Schloss einen perfekten
Nachbau einer mittelalterlichen
Ritterburg errichten.
Der Bau auf dem Berg war schwierig.

1. Vermute, warum Menschen solche Gebäude errichtet haben.
   Worauf mussten sie bei der Planung und beim Bau achten?

2. Welche besonderen Gebäude kennst du noch? Stelle sie vor.

→ Seite 6, 11

Türme bauen

1. Baue einen Turm, der nicht so leicht zusammenfällt:

- einmal nur mit Bierdeckeln
- einmal nur mit Bauklötzen
- einmal nur mit Steinen

2. Vergleicht eure gebauten Türme in der Klasse.

Wer baut den höchsten Turm?

1. Baut in einzelnen Gruppen einen möglichst hohen Turm.
   Verwendet nur diese Materialien.

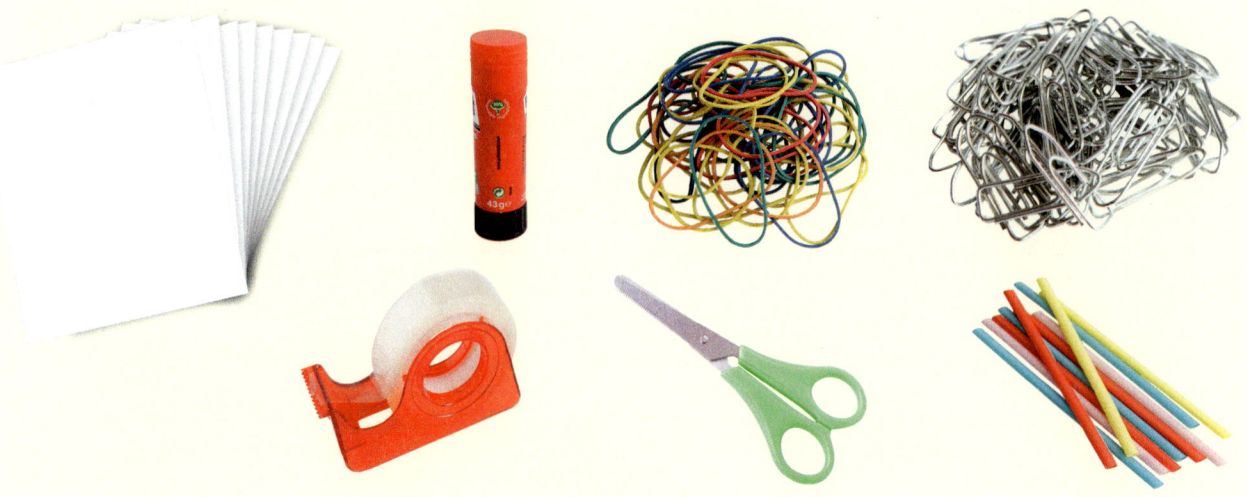

2. Welcher Turm ist „sturmsicher"? Testet es mit einem Fön.

Abbildungsverzeichnis

Textquellen

S. 70: © 2006 Beltz & Gelberg in der Verlagsgruppe Beltz, Weinheim/Basel

Abbildungen

alamy images, Abingdon/Oxfordshire: 72 (Flugzeug), 86 o.r., 8, 92 o., 168 (Flachzange); ClassicStock 24 o.l.; Harry Stone 53 u.; imagebroker 121 u.r.; Juniors Bildachiv 53 o. l Arco Images GmbH, Lünen: 102 (Katze); O. Diez 101. l artvertise fotodesign gbr, Gütersloh: 111 u.r. l Avenue Images GmbH, Hamburg: 63 /63. l Berufsgenossenschaft Energie Textil Elektro Medienerzeugnisse (ETEM), Köln: 109. l Blickwinkel, Witten: B. Lamm 63 (Spinne); blickwinkel 53 M. (Gürteltier); R. Linke 72 (Löwenzahn). l Braun, Kirsten, Wolfenbüttel: 73 o.l., 106 (Stoff), 110 (Brot in Alufolie), 110 (Brotbox), 110 (Getränkepackung), 110 (Käse, unverpackt), 110 (Käsepackung), 110 (Plastiktüte), 110 (Äpfel in Folie), 110 (Äpfel), 174 o.l.. lCaro Fotoagentur, Berlin: Ruffer 172 o. l Dobers, Joachim, Walsrode/Krelingen: 62 (Klette). l Dorling Kindersley Verlag GmbH, München: Will Long & Richard Davies/Oxford Scientific Films Ltd. 88. l Druwe & Polastri, Cremlingen/Weddel: 73 o.r. l Emporis GmbH, Hamburg: Michiel van Dijk 173 l. l F1online digitale Bildagentur GmbH, Frankfurt/M.: 52 u.l. l fotolia.com, New York: 150 u.; adisa 105 (Schal); Africa Studio 160 u.l.; Andre Bonn 75 (Chips); Andrea Wilhelm 63 (Holunder); andreiuc88 114 o.l.; andybckmn 167 (5); babimu 105 (Ente); blacknote919 110 u.r.; carmenrieb 63 (Schlehe); Christian Müller 165 o.r.; contrastwerkstatt 162 u.l.; Daniel Nimmervoll 99 (Blattaus); fieryphoenix 71 (Sommer); gradt 168 (Schraubzwinge); H. van Vonno 75 M.; identityfair 121 o.r.; Ilka Burkhardt 48 o.l.; Ingo Bartussek 160 o.l., 161 o.r.; ingwio 71 (Frühling); Jeka84 106 (Glas); Jenny Thompson 123 M.u.; JPchret 92 u.; Klaus Eppele 98 (Nacktschnecke), 105 Schaukel- pferd); koosen 168 (Büroklammer); L. Klauser 106 (Wollknäul); losif Szasz-Fabian 102 (Maus); M. Schuppich 71 (Herbst); Marco2811 132 o.r.; mdxphoto 102 (Meerschweinchen); me tra 96 o.r.; Patrik Stedrak 45 o.; Patryik Kosmider 115 u.l., 118; Peter Eggermann 101 (Pfaffenhütchen); Picture-Factory 161 o.l.; ppicsfive 106 (Papier); ptrwort 104 (Karton); pzAxe 99 (Marienkäfer); rfsole 85 o.r.; Robert Angermayr 45 M. (Affen); saratm 63 (Brombeere); stadelpeter Titel; Stauke 43 M.r.; Stefan Arendt 115 o.l.; Subbotina Anna 102 (Hamster); Thomas Plettenberg Titel; Tramper2 89 l.; Tran-Photography 102 (Fisch); Wolfgang Kruck 95 o. l Franckh-Kosmos Verlags-GmbH & Co. KG, Stuttgart: aus: Spohn, Was blüht denn da? (c) 2008 Franckh-Kosmos-Verlags-GmbH & Co. KG, Stuttgart 66, 67, 67; aus: Spohn: Was blüht denn da? (c) 2008 64, 65, 65, 65, 65, 65 Wiesenfuchsschwanzgras, 66, 66, 66, 67, 67, 67, 67, 67, 67, 67, 67, 67. l Getty Images, München: 30 l., 93 o.; Popperfoto 24 o.r. l GLORIA GmbH, Wadersloh: 109 (Feuerlöscher). l Glow Images GmbH c/o Regus, München: Alexander Bauer 139 u.r. l herbX film Film- und Fernsehproduktion GmbH, Geiselgasteig: 31 u. l Hofmann & Hammer GmbH, Grünsfeld-Zimmern: 168 (Werkbank). l Hommers, Gudrun, Berlin: 87. lInterfoto, München: 24 u.l., 123 u.l., 150 (Haltestelle), 150 (Verkehrshelfer); imagebroker 173 u.r.; Imagebroker/Siegfried Grassegger 136; Sammlung Rauch 30 r. l iStockphoto.com, Calgary: 24 u.r., 25 u., 43 M.l., 45 M. (Katze), 48 o.r., 52 M.l., 52 M.o., 68 u., 70 o., 71 (Winter), 72 o.r., 94 M., 96 u.l., 102 (Hund), 102 o.l., 104 (Löffel), 104 (Tisch), 105 (Ordner), 106, 108 M.r., 114 u.l., 118, 161 u.r., 164 o.l., 165 M.r., 167 (3), 167 167.8, 168 o., 171 o.l., 175 M. l juniors@wildlife Bildagentur GmbH, Hamburg: Harms 90 o., 90 u., 91 o., 91 u.; J. Mallwitz 72 u.l.; M. Danegger 87 u.; P.Hartmann 84 u.l.; Photoshot/Laurie Campbell 84 o.. lKintscher, Jürgen, Erlangen: 164 o.r. l Kramer, Matthias, Eurasburg: 22 o.l., 22 o.r., 22 u.l., 22 u.r., 109 (Feuermelder), 109 M.o., 109 o.l., 109 o.r., 119 o., 119 u.l., 119 u.r., 123 o. l Lüftner, Werner, Schlier: 98 (Gehäuseschnecke). lmauritius images GmbH, Mittenwald: 162 o.l., 163 o.r.; Alamy 123 (Gleitschirm); CuboImages 139 o.r.; ib/Jochen Tack 162 u.r.; imagebroker 172 u.; imagebroker/Siepmann 139 o.l.; Michael Rose/FLPA 71 u.; United Archives 137. IOKAPIA KG - Michael Grzimek & Co., Frankfurt/M.: 116 r.; David Hosking/FLPA 96 u.r.; Erichn Geduldig/Naturbild 70 M.; P. Laub 98 (Amsel). l Panther Media GmbH (panthermedia.net), München: 62 (Heuschrecke), 75 (Kroketten), 75 (Suppe), 84 u.r., 91 r., 94 o., 99 (Hahnenfuß), 101 (Maiglöckchen), 104 (Turm), 104 (Türklinke), 105 (Ringheft), 106 (Pappe), 106 (Stein), 121 M.o., 164 M.l., 164 u.l., 165 u.r., 167 (6), 167 M., 168 (Schraubstock); 123branex 161 u.l.; Chris Fourie 53 M. (Elefant); Ingeborg Knol 62 (Margerite); Mihai Barbu 167 (1); Wolfgang Wittmer 52 u.r. lPicture Press Bild- und Textagentur GmbH, Hamburg: Manfred Thonig 115 o.r. l Picture-Alliance GmbH, Frankfurt/M.: 31 o., 45 u., 111 M.r., 121 M.u., 121 o.l.; AP Photo 121 u.l.; Arco Images 86 u.; Arco Images/Lenz 172 M.; dpa 52 M.r., 108 u.; dpa-Report 160 u.r., 163 o.l.; Hajo Dietz 173 o.r.; ROPI 111 M.l.; Süddeutsche Zeitung 52 M.u.; Wildlife 72 (Amsel), 87 M.; Wildlife/D. Harms 93 u.; Wildlife/M. Lane 95 M.; ZB 25 o. l Reinhard-Tierfoto, Heiligkreuzsteinach: 62 (Löwenzahn); Hans Reinhard 89 r. l Reuschel, Bernhard, München: 171 u. l Ruthe, Oda, Braun- schweig: 132 o.l., 132 u., 134, 134, 134, 165 M.l.; Elias Ruthe 144 o.r. l Rutke, Ulrike Dr., Weilheim: 147. l Shutterstock.com, New York: 72 o.l., 72 u.r., 76 (Untersetzer), 85 o.l., 101 (Liguster), 102 (Kaninchen), 102 (Wellensittich), 104 (Becher), 104 (Zeitung), 105 (Flasche), 105 (Kerze), 106, 106, 132 o.r., 139 u.l., 160 o.r., 162 o.r., 164 u.r., 167 (7), 167 o.; daksel 100; Dimj 76 (Eimer); Ikordela 96 o.l.; Im Perfect Lazybones 94 u.; Irina Tischenko 73 (Blumentopf); Jiang Hongyan 76 o.l.; Julia Malivan 75 (Puffer); Jürgen Fälchle 114 o.r., 118; Konrad Weiss 114 u.r., 118; Monika Gniot 70 u.; Natalia Melnychuk 74 o.r.; reptilis4all 86 o.l.; Robert Biedermann 74 o.l.; Roman Shyshak 75 (Pommes). l SIGG Deutschland GmbH, Göppingen: 110 (Trinkflasche). l Stadtmuseum München, München: 138 o., 138 u. l stock.adobe.com, Dublin: fotograup- ner 115. l StockFood GmbH, München: 75 (Rösti), 75 (Salat); Rua Castilho 75 (Brei); Rynio 75 (Klöße). l Tierbildarchiv Angermayer, Holzkir- chen: Pfletschinger 95 u. l TopicMedia Service, Mehring-Öd: Brockhaus 90 l. l Tornette, Eva-Maria, Braunschweig: 50, 50, 50, 50, 50, 50, 50, 50, 50, 50, 51, 51, 51, 51, 51, 51, 51, 51, 51, 52 o.l., 60, 61, 73 (Pflanze), 74 u., 85 M.l., 85 M.r., 106 (Holz), 106 M., 107, 107, 107, 107, 107, 107, 107, 107, 111 o.l., 111 o.r., 112, 112, 112, 112, 112, 112, 113, 113, 113, 113, 113, 113, 113, 113, 120, 122, 122, 122, 122, 135, 135, 135, 135, 143, 143, 144, 145, 145, 145, 145, 145, 151, 164 M.r., 165 o.l., 165 u.l., 167 (4), 168 (Nägel), 170, 170, 170, 170, 170, 170, 171, 171, 171, 171, 171, 171, 174, 174, 175, 175, 175, 175. l ullstein bild, Berlin: CARO/R. Oberhaeuser 102 o.r.; ecopix 108 M.l.; Schellhorn 116 l.. lvario images, Bonn: 111 u.l.; Photostock 102 M.o. l Titelbild: www.fotolia.com: Kuh (Thomas Plettenberg), Wolken (stadelpeter)